KB176115

길든

끄을

보여주지

않아

길은 끝을 보여주지 않아

초판인쇄 2015년 4월 1일
초판발행 2015년 4월 1일

지은이 그 네
펴낸이 채종준
기 획 지성영
편 집 백혜림
디자인 이효은
마케팅 황영주 · 이행은

펴낸곳 한국학술정보(주)
주소 경기도 파주시 회동길 230 (문발동)
전화 031) 908-3181(대표)
팩스 031) 908-3189
홈페이지 http://ebook.kstudy.com
E-mail 출판사업부 publish@kstudy.com
등록 제일산-115호(2000. 6. 19)

ISBN 978-89-268-6825-6 03040

· 노래하는 여자의 여행 에세이 ·

길 끝을 보여주지 않아

그 네 지음

이담 Books

친구 딸 연화에게 물었다.

"연화는 어디에서 왔어?"

"바다에서."

우리는 어디에서 와서
어디로 가고 있는 걸까…….

목 록 7

한 걸음,

용서라는 이름으로 시작된 인도

두 걸음,

가식이었을지도 몰라요, 미안해요

세 걸음,
길 위의 사람들, 감사해요

다시 한 걸음,
별이 반짝입니다. 그대처럼

에필로그

용서라는
이름으로
시작된 인도

용서라는
이름으로
시작된 인도

방콕 공항에서의 하룻밤.

인도로 가기 위해선 아침 비행기를 기다려야 한다. 잠을 자기에
는 조금 이른 시간, 휴식을 취할 겸 배낭을 베개 삼아 공항 의자
에 누워 본다. 그때 슬며시 다가오는 한국 여자애들.

"언니, 같이 움직이실래요?"

어차피 혼자인데 흔쾌히 대답을 던진다.

"그래요."
"언니는 인도가 처음이실 것 같지 않아요."
"아녜요. 나도 처음이에요."

그래, 평소에도 그랬듯이 그다지 한국 사람처럼 생기지 않은

나는 아마 힌디어(Hindi)를 할 수 있을 것처럼 보였는지 모르겠다. 그녀들의 눈빛이 나를 보며 반짝인다. 그 와중에 인도 남자 한 명도 내게 와서 말을 건다. 한국말을 곧잘 하는 그가, 도착하면 가이드를 해주겠다고 나선다. 내키지 않는 일이다.

그의 친절을 받아들이기엔 사전에 들은 인도 남자들에 관한 이야기가 너무 다양하다(?). 비행기 안에서 어떻게든 그를 피해 보려 애써보지만 고 녀석 집요하기 이를 데 없다. 철없는 동생들(공항에서 만난 한국 여자애들)은 내 맘도 모른 채 그의 가이드를 허락하는 게 어떻겠냐고 하지만 안 될 말이다.

이렇듯 뜻하진 않았으나
새로운 친구들을 만나 드디어 인도에 도착.

'여긴 대체 어디지, 이 냄새의 정체는 뭘까?'
'이 많은 사람들은 왜 이렇게 뚫어지게 나를 쳐다보는 걸까?'

속이 매스꺼워져 빨리 벗어나야겠다는 생각만 가득하다. 그러나 어디로 가야 하는지 무엇을 타야 하는지 기억이 나지 않는다. 머리가 멍하다. 이런! 여행 전에 공부했던 정보들은 지금 나에게 아무 소용이 없는 것인가.

'어떡하지……?'

그 와중에 가이드를 해주겠다던 인도 남자는 계속 우리를 뒤따라오고 어디서 나타났는지 다른 인도 남자 두 명도 우리를 보며 알싸한 표정을 짓고 있는 게 아닌가. 순간 저들을 따돌려야겠다는 생각만이 머리에 맴돈다. 어리둥절한 모습으로 주변을 두리번거리는 동생들에게 나는 재빨리 말했다.

"애들아,
우선 오토릭샤를 타자.
어서 서둘러!"

무슨 정신이었는지 모르겠다. 여행가
이드 책을 꺼내 우리가 가야 할 곳을 찾
아 가리키며 무조건 외쳤다.

"여기요, 여기! 아니지 참. here, here!"

겨우겨우 그녀들의 숙소에 도착했다. 그녀들은 짐을 풀었고 나는 루프탑(옥상)에 올라 시원한 음료수를 마시며 겨우 한숨을 돌린다. 도착하자마자 기진맥진이다. 더운 날씨와 퀴퀴한 냄새, 셀 수 없이 많은 사람들. 어젯밤에 느낀 설렘은 동굴 속 보이지 않는 구석 어딘가에 매달린 박쥐처럼 꼼짝 않고 있는 것 같다. 그러나 이제부터가 진짜 시작이다.

나는 이곳 델리(Delhi)에 머무르지 않고 바로 밤기차로 이동할 계획이다. 공항에서 만난 어린 두 친구와는 곧 이별을 할 테고 나는 오늘 밤 홀로 기차에 오를 것이다. 또 어떤 일들이 기다리고 있을까. 인도의 탁한 바람, 낯선 이들과 익숙치 않은 환경이 주는 이 꺼림칙한 기분은 과연 인도를 떠나는 날까지 이어질까?

두려워하지 말자.

그저 여기도 사람 사는 세상,
그 일부일 뿐이니까.

그래, 이제 시작이야.

밤이 되어 기차역으로 향했다. 세상에나! 굳게 먹은 마음이 무색할 만큼 기차역 안은 너무 많은 사람들로 말 그대로 인산인해다. 이동을 위한 사람들뿐 아니라 아예 거기에 살고 있는 듯한 걸인과 아이들, 몸이 불편한 사람들로 꽉 차 있다. 2002년 월드컵 응원 이후로 이렇게 많은 사람들을 본 건 처음이다. 눈을 어디에 둬야 할지 모르겠다. 그저 대합실 한구석에 고개를 떨군 채 앉아 있을 수밖에……. 그때 한 아주머니가 슬며시 옆으로 다가오신다. 손에 꼭 쥐고 있는 기차표를 보시고 뭐라 말씀하시는데 잘 모르겠다. 그저 온화한 눈빛으로 나를 다독이는 마음을 느낄 뿐이다.

엄마 생각이 난다. 세상 어디에나 엄마가 있다. 딸 걱정에 안쓰러운 마음을 한없이 끌어안고 있을 엄마 말이다. 기차역 대합실 한구석에서 만난 '인도의 엄마'는 그렇게 내가 탈 기차가 도착할 때까지 곁에 있어주셨다. 내 손을 꼭 잡고 함께 플랫폼으로 가며 말씀하신다.

무서워하지 말고
건강하고 즐겁게 여행하렴.

네, 엄마. 감사합니다.

다른 언어이지만 이미 마음으로 우리는 통하고 있었다. 그 밤, 그녀는 그렇게 따뜻한 가슴 한 자락을 이름 모를 외국 여자에게 내어 주신, 깜깜한 밤 가로등 같은 분이었다.

인도에서의 첫날밤을 기차에서 맞이하게 되었다. 배낭을 꽁꽁 묶고 주변을 살핀다. 인도는 원래 남자가 많은 건가? 주변이 온통 남자들뿐이다. 그들을 다시 본다면 친절한 미소라고 이야기할 수 있을까? 하지만 지금의 내게 그들의 시선은 그저 어두운 밤 늑대의 그것과 조금도 다르지 않다. 몸은 천근만근으로 무거운데 눈은 도통 감기지 않는다.

이런, 언제 잠들었지? 허겁지겁 눈을 뜨니, 어라? 날이 밝아 있다. 뻑뻑한 눈을 비비며 기지개를 켜는데 옆에 한 남자분이 웃고 계신다.

"기차가 연착되었어요. 잘 잤어요?"
"네?"

누구지? 맞다! 어젯밤 잠들지 못하고 피곤해 하는 내게 '깨워줄 테니 안심하고 자라'고 말해주신 인도의 전도사님이시다. 내 앞자리에는 목사님도 계신다. 곧 도착이라는데 시간이 벌써 오후 3시를 가리킨다. 원래는 오전 10시에 도착하는 기차다. 이렇게 늦어질 줄이야……. 설마 이게 꿈은 아니겠지. 큰일이다.

바라나시역에서 나를 기다리고 있을 사람, 나의 남자친구 하비. 아직 역에 있을까? 아무 생각이 나지 않는다. 이 나라에 온 지 이제 이틀밖에 되지 않았는데……. 계속 어안이 벙벙하다.

우선,
바라나시로

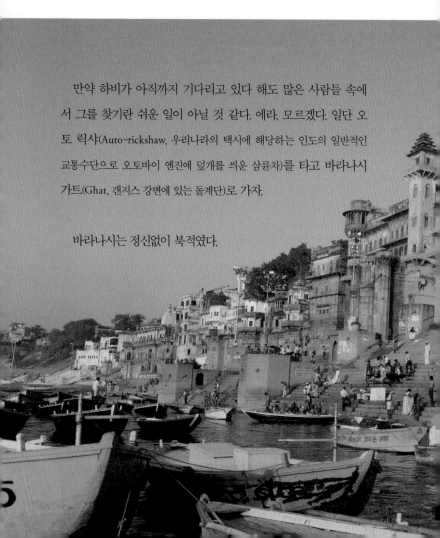

만약 하비가 아직까지 기다리고 있다 해도 많은 사람들 속에서 그를 찾기란 쉬운 일이 아닐 것 같다. 에라, 모르겠다. 일단 오토 릭샤(Auto-rickshaw, 우리나라의 택시에 해당하는 인도의 일반적인 교통수단으로 오토바이 엔진에 덮개를 씌운 삼륜차)를 타고 바라나시 가트(Ghat, 갠지스 강변에 있는 돌계단)로 가자.

바라나시는 정신없이 북적였다.

'안 되겠어. 정신을 좀 차려야지!'

역 앞에는 엄청나게 많은 릭샤들이 자리를 채우기 위해 대기 중이다. 택시 합승을 하는 것처럼 빈자리 없이 승객들을 꽉 채워 이동하려고 기다리고 있는 것이다. 나는 자리가 하나 비어 있는 릭샤로 갔다.

"가트! 얼마예요?"
"100루피!"
"노, 노! 30루피!"

나 미쳤나 보다. 나도 모르게 흥정을 하고 있다. 손을 저으며 안된다는 릭샤 운전자에게, 나 인도가 세 번째니 그러지 말고 30루피에 가자고 다시 한 번 말한다.

"오케이!"

세 번째라는 말에 그는 더 이상 협상 가능성이 없다고 생각한 모양이다. 여행자에게는 무조건 바가지를 씌운다는 걸 익히 전해 들은 데다 반절 이상을 깎아야 억울하지 않다고 하비가 일러 주었었다.

릭샤를 타고 달리는 것은 마치 놀이동산의 바이킹을 타는 것과 흡사하다. 신호도 무시, 속도는 운전자 마음, 끼어들기는 능력껏, 무대포 운전에 양보 따윈 없다.

'나 살아서 한국에 갈 수 있는 거지?'

인도에서는 죽어도 운전을 할 수 없을 것 같다는 생각을 하며 삐죽 나온 손잡이를 잡은 손에 힘을 준다. 혼란스럽고 번잡한 도로를 가르고 도착한 가트. 이제부터 '서울에서 김 서방 찾기 놀이'를 해야 한다. 하필 휴대폰 전원도 꺼져 있고 스피커에 대고 방송을 할 수 있는 공간은 더더욱 아니니 말이다. 희뿌연 건조함이 막막한 마음에 무게를 더한다.

잠시 서서 생각에 잠긴다.

우선 한국인들이 많이 찾는다는 곳으로 가자. 거기엔 분명 하비를 아는 사람이 있을 테니까. 여자친구가 한국 사람이니 만나는 한국 사람들에게 광고하듯 이야기했을 사람이다. 인도인 남편과 일본인 부인이 운영한다는 쿠미코 게스트 하우스로 발걸음을 서둘렀다. 다행히 전에 인도를 다녀온 동생도 그곳에 머물렀었다고 이야기한 게 기억났다.

게스트 하우스에 들어서자마자 마주한 주인장 아저씨. 긴 수염의 도인 같은 그에게 물었다.

"방을 잡으려는 건 아니고, 사람 좀 찾으려고요."
"올라가 봐, 도미토리에 사람들 있으니……."
"감사합니다."

숙소에 들어와서야 처음으로 온몸이 땀에 젖어 있는 걸 알았다. 이제야 배낭의 실질적인 무게가 느껴진다.

"저 물어볼 게 있는데요. 혹시 스페인 친군데, 하비라고⋯⋯"

"아⋯⋯. 근혜 언니시구나! 저 알아요. 근데 하비는 언니 마중 나갔는데, 못 만나셨어요?"

말이 끝나기도 전에 답을 해준 친구는 키가 크고, 목소리도 시원시원한 부산 아가씨다.

"네, 기차가 5시간이나 연착됐어요."

"그러셨구나, 저 따라오세요. 하비가 머무는 게스트 하우스 알고 있어요."

"고마워요. 밤새 기차를 타고 왔더니, 너무 지치네요."

그녀를 따라 들어간 푸자 게스트 하우스. 프런트에 있는 남자가 웃으며 반긴다.

"네가 하비 여자친구지? 기차역에서 기다리다가 안 왔다며 하비는 또 서둘러 나갔어, 키는 맡겨두고. 혹시 네가 오면 주라면서.”

“네, 감사합니다.”

방에 들어서자마자 눕고 싶었지만 우선 샤워부터 하고 그를 기다려야 할 것 같았다. 행여나 내가 도착했나 하고 와 볼 테니까. 씻고 나서 침대에 누우니 이제야 안도의 숨이 쉬어진다.

‘드디어 왔구나. 드디어······.’

스르르 잠이 들 것 같았다. 하지만 태평하게 잘 수 없다. 그 사람은 얼마나 애타게 날 찾고 있겠는가. 눈꺼풀이 젖은 솜이불마냥 축축 처진다. 잠이란 놈이 진정 사랑보다 강한 것이었던가······. 그렇게 잠과 사투를 벌이고 있던 차에 누군가 후다닥 뛰어 오는 소리가 들린다.

“꾸네! 꾸네!”

하비다. 스페인 사람인 그가 내 이름을 발음하면 '꾸네'가 된다. 가끔 날 부르는 소리에 웃음이 나곤 한다. 하비는 들어오자마자 난리 블루스다. 끌어안고 쳐다보고 또 끌어안고를 반복하다 가쁜 호흡을 가다듬고 나를 바라본다.

"기차가 늦게 도착해서 이제야 왔어. 이제 한시름 놔. 우선 밥 먹으러 가자, 나 엄청 배고파."

"응응. 알았어, 알았어."

아이 같은 그 사람을 보면 괜스레 난 더 차분해지곤 한다. 만났으니 된 거다. 서로를 찾았으니, 그걸로 된 거다.

그걸로 된 거 맞죠?

졸린 몸을 일으켜 밖으로 향했다. 수많은 사람들을 헤치며 시장 안으로 들어가니 모든 이들이 손으로 밥을 먹는 풍경이 눈에 들어온다. 여행자를 위한 식당도 많았지만 나는 현지인들이 이용하는 일반 식당을 택했다. 왁자지껄한 그곳에서 처음으로 인도다운 식사를 하니 마냥 기쁘다. 향이 짙은 카레와 밥, 사모사(Samosa, 고기 또는 야채를 넣고 튀긴 삼각형 모양의 인도식 만두), 후식으로 나오는 라씨(Lassi, 인도의 차가운 요구르트 음료)까지.

인도 여행을 다녀 온 많은 사람들이, 배탈이 나고 음식이 맞지 않아 고생했다고들 하던데……. 이런, 역시 아무거나 잘 먹는 나에게 인도 음식은 그야말로 별미다. 더구나 먹고 뒤돌아서면 또 배가 고파지는 인도의 밥은 하루에 4, 5번 정도 먹게 만드는 힘을 가지고 있었다. 덕분에 인도 여행 중 나의 몸무게는 4kg이나 불었다. 배탈은 한 번도 나질 않고 말이다.

'인도 체질인가?'

음식 가격 역시 착하다. 우리나라 돈으로 천 원 정도면 한 끼 식사를 해결할 수 있으니.

식사를 마치고 이끌리듯 가트로 갔다. 지는 해가 포근하다. 많은 이들이 가트 근처의 돌계단에 앉아 저마다 상념에 잠겨 있다. 나는 오랜 시간 그들을 그저 응시한다. 그리고 그들이 마주하고 있는 갠지스 강을 바라본다. 돌계단에 닿은 엉덩이가 묵직하지만은 않다.

설명할 수 없는 느낌에 휩싸이지만 이내 졸음이 쏟아졌다. 이만 들어가 잠을 청하기로 한다. 이렇게 바라나시에서의 꿈같은 하루가 저문다.

갠지스 강 속에 눈을 뜨고
뭔가에 홀린 마냥 스르르 가트로 나간다.
기분 좋은 아침 공기를 마시며.

영화 속 주인공 같은 할아버지가
가부좌를 틀고 앉아 명상 중이다.
아름다운 아가씨가 요가 자세를 취하고 있다.
돌계단에 그림 같은 사람들이
호수에 떠 있는 연꽃처럼 앉아 있다.

나는 호흡을 깊게 들이마시고 내쉰다.
마음에 민트향이 나는 약을 바른 듯한 느낌이다.
따뜻한 차이 한 잔에 입가에 미소가 번진다.
따사로운 아침 햇살 한 줄기가 마음까지 번져온다.

아침부터 갠지스 강에 사람들은 몸을 담근다.
저들에게 갠지스 강의 의미란 무얼까.
강의 다른 한쪽에서는 죽은 이들이 화장되고
살아 있는 이들은 그 물에 몸을 담근다.
삶과 죽음이 공존하는 공간.
이해라는 단어로는 설명할 수 없는 그들의 삶의 방식들.

이 모든 풍경들이 낯설지만
익숙한 차이의 달달함과 비슷하다.
그렇게 차이를 마시듯 그곳에
그리고 그 사람들에게 나는 천천히 스며들고 있다.

한국에서는 상상도 할 수 없는 이 아침.
시간이 힘을 잃어버린 듯
몸은 물속의 풀처럼 가벼이 흐느적거리고
마음이란 놈은 무언가 버릴 준비 중이다.
무엇을 버릴 수 있을까,
무엇을 내려놓을 수 있을까.
대답 없는 질문들이 메아리가 되어 돌아온다.
잔잔한 아침 바람에 실려.

오늘은 아주 사랑스러운 친구를 만나는 날이다. 하비가 홀로 바라나시에 머물면서 사귄 스페인 친구 콘치. 인도의 매력에 푹 빠져서 1년째 이곳에 있다는 그녀는 아쉬람(Ashram, 힌두교 수행자들의 거처)에서 수행 중이다. 나는 그녀를 보자마자 신비스런 느낌을 받았다. 분명 처음 보는 사람인데 마음에 평화로움이라는 무기를 지닌 사람처럼 오래된 친구 같이 편하다. 보자마자 함박웃음을 지으며 반갑게 맞아 준다. 나를 안아주는 그녀.

세상에는 꼭 만나야 하는 사람들이 있는 것 같다. 억지로 애를 쓰지 않아도 만날 수밖에 없도록 투명한 끈으로 묶인 사람들 말이다. 아마도 콘치와 나 사이의 보이지 않는 그 끈은 꽤나 짱짱하게 우리를 묶어 놓고 있었나 보다. 그녀가 머무는 아쉬람에 들어서며 나는 그걸 더 절실히 깨달았다.

지금도 때때로 그녀가 보고 싶다. 콘치는 수행자가 되었다. 스페인에 있지만 일 년에 몇 차례 인도를 오가며 수행을 거듭하고 있다. 자주 볼 수도 그리고 쉽게 대화를 나눌 수도 없지만 그녀는 내 가슴에 선명하게 새겨진 오래된 문양과 같은 사람이다.

흐려지다

한 소녀가 하염없이 울고 있다. 이유를 알지 못한 채 볼을 타고 흐르는 물기에 그녀의 마음도 젖어 있다. 그런 소녀를 바라보던 스님이 묻는다.

"왜 그리 서글프게 우나요?"

"모르겠습니다."

"그래요? 그럼 제 이야기가 끝난 뒤 다시 물을 테니 울고 싶은 만큼 우세요."

"……"

소녀는 말이 없다. 스님의 긴 이야기가 들려온다.

"세상에는 참 볼 것이 많아서
눈이 좌우로 계속 움직이고 있지요.
그런데 정작 살짝 고개 숙여
자신의 마음을 들여다보는 사람은
그렇게 많지 않지요.
그래서 보기 좋은 많은 것들을
눈에 담았지만 마음은 허전하고
쓸쓸해 방황하는 사람들 투성이죠.

세상이 아닌 마음을 보세요.
그리고 따뜻하게 만져주세요."

그 공간에는 하염없이 울고 있는 소녀와 그녀의 남자친구 그리고 이스라엘 중년 남성이 있다. 스님의 말씀이 끝나갈 즈음 소녀의 눈물이 조금씩 잦아든다.

"이제 왜 그렇게 눈물을 흘렸는지 알 것 같은가요?"

쉽사리 입이 떨어지지 않는다. 입술에 강력한 접착제라도 바른 듯……

"네, 이제 알 것 같아요. 어렸을 때, 아빠는 자주 엄마를 때렸어요. 항상 다른 여자도 있었고……. 어린 마음에 크게 상처를 받았는지 어느 날은, 아마 초등학교 2학년이었던 같아요. 저는 아무 말 없이 무조건 앞을 보며 열심히 달리기만 했어요."

이스라엘 아저씨는 애처로운 눈빛으로 소녀를 쳐다본다.

"시간이 지나도 아빠는 변하지 않으셨어요. 고등학교 때, 역시나 안방에서 심하게 맞고 있는 엄마를 본 순간 더 이상은 안 되겠다고 생각했고 웅크린 채 맞고 있는 엄마를 감싸 안으며 아빠에게 생전 처음 입에 담지 못할 욕을 퍼부었어요……."

"음……."

스님의 작은 숨소리가 새어 나온다.

"그 이후 저는 아빠를 보지 않았어요. 그런데 이상하게도 그 장면이 지금 떠오르면서 단어 하나가 지나가네요……."

"그것이 뭔가요?"

"용서해라……."

한동안 공간의 무게가 밀폐된 비닐봉지 안의 느낌이다. 그 침묵이 무얼 의미하는지 이제 소녀는 알 것만 같다.

소녀여, 할 수 있겠어?

나는 용서가 무언지 알지 못한다. 15년을 잊은 것처럼 살았다. 때때로 바람 좋은 밤에 허름한 포장마차에서 아빠와 단둘이 소주 한 잔 들이키는 상상은 했다. 연애 상담도 하고 몰래 엄마 흉도 좀 보고 집으로 돌아가는 길에 슬며시 팔짱을 끼는 그런 상상을. 하지만 그런 건 드라마에나 나오는 장면이지 나와는 거리가 먼 일이었다.

존재했지만 만질 수도 볼 수도 없었던 아빠는 인도에서 돌아온 2년 뒤 세상과 영영 이별을 고하셨다. 장례식장에서 나는 눈물이 나지 않았다. 친자식이 상주를 해야 한다며 우릴 찾은 집안 어르신들이 내 손을 잡고 울 때도 나는 슬퍼서 울지 않았다. 아니, 슬프지 않았다. 못내 아쉬웠다. 얼굴 한 번 보지 못한 것이, 속 시원히 그의 마음을 들어보지 못한 것이······.

마지막 보내드리는 길에 속으로, 저 속 깊은 곳으로부터 울리는 소리를 전해드렸다.

미안해요, 용서하세요.
안녕, 오래된 진흙 덩어리야.
안녕, 무거웠던 내 마음아.

그리고 안녕, 아빠……

"오, 근혜 잘했어."

콘치가 나를 안아준다. 하비는 적잖이 당황한 모습이다.

나는 과연 무엇을
잘한 것일까.

떠나가네 떠나가네
눈물 강 위로 배 떠나네
빨간 꽃잎을 강물 위에 떨구고
님의 배가 떠나가네
나의 몸은 물속 풀에 감기어
움직일 수 없으니
내 눈물이 주룩주룩 떨어져
강물만 그 깊이를 더해가네

뛰어오네 뛰어오네
버선발로 님이 오네
하늘하늘 두 팔 벌리고 닿지도
않는 발이 보이네
나의 눈은 저 햇살 아래
별이 되어 반짝이니
구름 같은 그대 가벼운 몸짓
지금 나의 눈물은 사랑이어라

그리워라 꿈이었네
어디에도 님은 보이지 않네
나의 마음은 석문이어라
비바람에도 닫혀 있는
먼 훗날 그대 새가 되어
내 머리 위에 발을 얹으면
내 주위엔 빨간 꽃 만발하고
문은 열리어 숨을 쉬리

- 그네와 꽃, 박근혜 -

아픔이었고 원망이었던 그는 내게 이런 가사를 쓰게 해준 장본인이다. 오랜 시간 할 수 없었던 밀린 숙제 같은 마음의 골을 인도라는 곳이 열어준다.

여기에 내가 온 것이 아니라
인도가 날 살리기 위해 불렀다는
강한 느낌이 온몸으로 퍼진다.

꼭 건너가야만
알 수 있나요

저녁이 되어 푸자 의식(Puja, 힌두교의 예배)을 치르는 강가에 가셨다. 수많은 사람들이 갠지스 강에 초를 띄우고 꽃을 띄운다. 그들은 염원을 혹은 닿을지 모르는 마음을 띄워 보내는 것인지도 모른다. 바라는 것은 바라는 그대로 의미가 있다. 꼭 이뤄지리라는 기대는 때때로 우리에게 실망을 주기 마련이다.

강 위를 떠가는 촛불은 밤하늘의
불꽃놀이처럼 화려한 스프레이가 된다.
여기 있는 모든 이의 마음속에도
저 불꽃들이 화려하게
터지기를 바라는 마음으로
지그시 눈을 감아 본다.

자주 가트에 나가 앉아 있다 보니 친구가 생겼다. 나의 새로운 친구, 엽서 파는 '똑똑이'. 영어는 물론 스페인어에 간단한 한국어까지, 못하는 말이 없는 아주 똑똑한 친구다. 나를 보며 내 머리카락을 좀 만져 봐도 되냐고 초롱초롱한 눈을 크게 뜨는 아이.

인도 여자 대부분은 긴 머리를 풀고 다니지 않는다. 덥고 건조한 인도의 날씨 때문에 그녀들은 머리에 기름을 발라 단정히 하나로 묶는다. 그러니 허리까지 오는 긴 머리를 치렁치렁 풀고 다니는 내가 신기할 수밖에.

"머리 만져 봐도 돼요?"
"응, 그래."

소녀의 작은 손이 머리를 타고 내려온다. 입가에는 활짝 꽃이 핀다. 그렇게 한참을 곁에 있다가 내일 보자는 인사를 남기고선 영업을 가시는 생활력 강한 아가씨. 총총 걸어가는 뒷모습에 슬픔이나 걱정 따위는 보이지 않는다. 그런 아이가 부럽기만 한 난,

그저 어른일 뿐이다. 그저 어른…….

　나의 또 다른 친구 바바지. 바바지는 사두(Sadhu, 인도의 수행자), 구루(Guru, 영적 스승), 즉 우리나라의 수도승과 비슷한 뜻으로 홀로 수도를 하고 있는 종교인이다. 가트의 계단 중간 어디쯤. 그곳이 오롯이 그가 몸을 누이는 거처이다.

　"저녁에 차파티 만들어 줄 테니까, 놀러 와."
　'저 손으로? 씻지도 않은 것 같은데……'

　순간, 여기가 인도라는 걸 떠올린다. 더러움이란 단어가 사치처럼 느껴지는 곳, 더러움 속에서 자유를 얻을 수 있는 곳이다.

　바바지 앞에는 이발사 아저씨가 계신다. 머리를 깎아주시고 수염도 깎아주시고 심지어 귀도 파주신다. 서비스로 마사지까지 해주시는 만능 아저씨가 손님들의 머리를 자르고 있다.

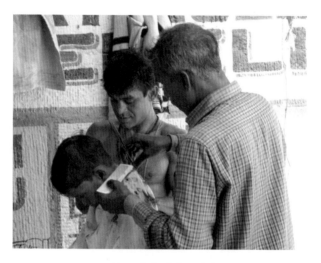

한 꼬마가 변신 중이다.

옛날 우리나라 시골 이발관도 저런 풍경이었을까. 단지 돈을 받고 머리를 깎아주는 느낌이 아니라 한 사람 한 사람을 정성스레 다듬어 주는 모습. 그 손길에 친절함은 물론 다정한 온기가 있다.

'아저씨, 복 받으실 거예요. 멋진 손가락과 더 멋진 마음을 가지고 계시니까요.'

싹둑싹둑,
가위질 소리가 이렇게 좋게 들리기는 처음이다.

우리는 오늘 강을 건너려 한다. 간식거리를 들고 배에 올랐다. 원래도 그리 수다스러운 편이 아닌 나지만 더욱 말이 없어졌음을 느낀다. 고요한 물 위를 가른다. 배에서 내린 우리는 나무 그늘 아래 자리를 잡았다. 콘치와 하비는 대화를 나누고 나는 비지엠을 깔듯 흥얼거린다. 콘치의 이야기를 듣고 있는 하비의 모습이 사뭇 진지하다.

그들의 대화는 깊어가고 나는 스르륵 잠이 든다. 바람이 살살 얼굴을 스치고 강 건너의 풍경들이 카메라 렌즈의 초점이 흐려지듯 번져간다. 이렇게 맛있는 낮잠을 자본 적이 있었나. 깨어나도 여기이길 바라며 꿈결로 향한다.

"꾸네. 일어나."

시간이 꽤나 지난 모양이다. 참, 오늘은 바바지가 만들어 주는 차파티(Chapati, 밀가루로 만든 인도의 빵)를 먹으러 가야 하는데. 짐을 챙기고 다시 배에 오른다.

붓다가 건너간 강물 위에 내가 있다.
붓다 같은 마음이고 싶다.
그에게 물들고 싶다.
서서히, 그리고 여유있게.

바바지와 저녁을 먹으며 이제 떠날 채비를 해야 할 것 같다고 전했다. 내일 저녁이면 바라나시와도 작별을 해야 한다. 그는 곧 열리게 될 쿰 멜라 축제(Kumbh Mela, 인도 최대 규모의 힌두교 순례 축제)에서 만나자고, 꼭 자기를 찾으러 오라며 하비와 나의 손에 뭔가를 쥐어 준다.

이름 모를 원석 두 개다. 그리고 우리에게 축복이 있기를 바란다며 차이(Chai, 인도식 홍차) 잔을 들어 올린다. 그런 우리 앞에 그동안 보았던 개 한 마리가 와 있다. 이 녀석도 몹시 아쉬운 듯 자꾸만 내게로 와서 치댄다.

언제나 만남 뒤엔 헤어짐이 있다는 걸 알고 있으면서도 애정 어린 상대의 인사와 몸짓에 아쉬운 마음을 감출 길이 없다.

안다고 해서 다 괜찮은 건 아니다.
사람의 마음이라는 건.

인도에 와서 처음으로 머무른 곳,

그리고 사람들.

투명한 끈으로 연결된 우리들.

그 인연 앞에 절로 감사함이 묻어난다.

식사를 마치고 우리는 공연을 보러 갔다. 생전 처음 보는 악기와 흐느끼는 듯한 노랫소리. 명확한 가사가 있는 것 같진 않다. 마음 안에 관이 하나 있어 그 관이 깊게 울리고 있는 듯하다.

살며시 눈이 감기고 내 두 발은 땅에 닿아 있지 않은 듯 가볍다. 나는 지금 공중에 있다. 새털처럼 가벼운 몸이 구름 위에 팔베개를 하고 누워 있다. 억지로는 절대로 느낄 수 없는 그것, 다름 아닌 평화로움 그 자체다. 이 몽환의 세계에서 살 수 있다면 얼마나 좋을까. 아니 저 속에 내가 있다면 나의 울림이 저리 들릴 수 있다면 얼마나 좋을까. 언젠가 다시 돌아와 저들과 함께 노래하고 있는 나를 그려보며 가시지 않을 여운을 내 속에 저장한다. 고요와 평화라는 수첩 속에.

다음 날 우리는 떠날 채비를 했다. 밤기차를 예약한 후 가트를 거닐며 사람들을 만났다. 그런데 누군가 내 손을 당긴다. 엽서 파는 소녀다.

"안녕? 나 이제 다른 곳으로 가려고⋯⋯."
"⋯⋯."

아이는 말이 없다.

"나중에 또 올게. 그때도 만나자."

그 순간 아이의 맨발이 눈에 들어온다. 신발을 신지 않은 인도 사람들을 보는 게 이제 익숙해졌는데 오늘은 왠지 그 작은 발에 예쁜 신을 신겨 주고 싶다. 아이의 손을 잡고 신발 가게로 향했다.

"마음에 드는 거 골라 봐."

"언니가 신고 있는 것 주세요."

"응? 아니야, 내건 너무 크잖아. 너한테 맞는 걸 신어야지."

"싫어요. 언니가 신은 거 가질래요……"

이해가 되지 않았지만 철부지 어린아이가 새 신발을 마다하고 상대의 헌 신발을 원하는 것에 왠지 코끝이 찡해 온다. 내 마음과는 달리 아이는 추억을, 그 추억이 담긴 무엇을 가지고 싶었는지도 모르겠다. 새 신발이 아니라 기억을 안고 싶어 했던 아이.

"그래, 그럼 이거 너 신어."

신고 있던 슬리퍼를 벗어주니 신이 나서 활짝 웃는다. 내게 꼬옥 안기는 아이에게 따뜻함을 느끼는 건 오히려 나다. 처음 소녀를 보았을 때 저 웃음이 진심일까, 엽서를 팔기 위해 익숙해진 건 아닐까 생각했다. 철저히 어른의 마음이었다는 부끄러움이 날 고개 숙이게 한다. 그런 연유로 이제 내가 맨발이구나. 하하.

저녁에는 콘치를 만나 함께 저녁을 먹고 인사를 나눴다.

"근혜, 이제부터의 여행에서 하비를 너의 연인이 아니라 동료라고 생각해. 그렇게 생각해야 힘들지 않을 거야. 이 여행은 오롯이 너를 위한 시간이 될 거야. 그리고 네가 얼마나 예쁜 존재인지를 기억하길……. 곧 만나자."

"Muchas Gracias, Mi Amiga(무차스 그라시아스, 미 아미가)……."

너무 감사해, 내 친구.

난 말을 잊지 못했다. 그저 그녀를 위해 지난밤에 만든 팔찌를 꺼내어 그녀의 손 위에 올린다.

"와우!"

그녀가 환한 미소로 고마움을 표한다. 그러더니 자기도 줄 게

있다며 코끼리 모양의 액세서리가 달려 있는 휴대폰 고리를 건넨
다. 다른 한 손에는 종이 한 장이 들려있다. 돌돌 말려 있는 종이
를 펼치니 화려한 펜으로 그린 만트라(Mantra)다. 만트라의 중앙
에 손톱만 한 빨간 심장이 보인다.

　마음의 장애를 제거하고 가벼워지게 하는 주문. 그녀는 지금의
나에게 필요한 것이 무언지를 안다.

　건강하고, 단단한 심장.
　바로 그것 말이다.

리시케시,
머물고 싶은

리시케시(지금도 생각해 보면 다시금 찾아가 홀로 오래 머물고 싶은 곳
이다)로 왔다. 기차를 타고 하리드와르(Haridwar)역까지 가서 다시
버스를 타고 두 시간 이동한 후 버스에서 내려서는 릭샤를 타고
또 20분 정도 달려야만 리시케시에 도착한다.

인도를 여행하면서 장시간의 이동은, 힘들어도 익숙해져야 하
는 필수 조건 중 하나다. 도착하자마자 배낭을 풀고 허겁지겁 허
기를 달래기 위해 식당을 찾았다. 이 상태로는 한 3인분도 거뜬하
게 먹을 수 있을 것 같다.

다리 입구에 자리한 조금은 비싸 보이는 식당으로 들어가 든
든하게 식사를 한 뒤 시원한 음료를 마셨다. 그때 한국 사람처럼
보이는 아가씨가 눈인사를 한다.

"한국분이세요?"
"네!!"

"혼자 다니시는 거예요?"

"네, 바라나시에 있다가 심하게 탈이 나서 바로 이동했어요."

바라나시를 발음하는데 미간에 주름이 잡히고 연신 고개를 흔
든다. 꽤나 고생했던 기억이 스치나 보다. 유쾌하고 당찬 그녀를
보니 홀로 여행을 떠나보는 것도 좋을 것 같다는 생각이 든다. 남
자친구 덕분에 안전하게 여행을 하면서도 혼자 여행 다니는 사람
을 부러워하고 있다니. 가진 자의 오만인가. 그녀의 뒷모습에 이름
표처럼 붙어 있는 씩씩한 기운이 내게 미소를 던진다. 좋아, 다음
엔 혼자서 와보리라.

다음 날 하비는 갈 곳이 있다며 간단한 먹을거리와 물을 챙겨
서 나가자고 했다.

"어디 가는데?"

"꾸네, 그냥 따라와……."

참고로 하비는 내가 잠을 잘 동안 여행 책자를 정독하며 여기 저기 갈 곳을 정해 놓은 것 같았다. 여행 내내 그는 나의 배낭 한 번 들어주지 않았고 언제나 돈은 각자가 반반씩 철저하게 내는 것을 고수했는데 혼자 어디를 가는 것만은 허락하지 않았다. 애교 섞인 웃음에 나갈 채비를 한다. 우리는 걷기 시작했다. 아무도 없는 그저 구불구불한 산길을.

2시간 정도를 걸어 목적지(?)에 도착했다. 뭐 대단한 거라도 있는 줄 알았건만 정상에는 달랑 가정집 한 채뿐이다. 사람들이 우리를 의아한 눈으로 쳐다본다. 마치 여기는 왜 왔냐는 듯한 얼굴이다.

"이게 다야?"

가쁜 숨을 고르며 하비에게 묻는다. 당황한 듯 하비는 대답 대신 고개를 숙인다.

"……"

심지어 가족들(그곳의 집에 사는 사람들)조차 볼 것도 없으니 그
냥 내려가라고 한다. 내게 미안하다며 실망한 표정으로 앞장서는
하비의 뒷모습이 왠지 모르게 측은하다.

"괜찮아. 다행히 내리막길이니까, 빨리 내려갈 수 있을 거야."

한동안 말없이 오른 길을 다시 내려가는 우리를 보니 갑자기 웃음이 터져왔다.

"우리 정말 바보 같다, 그렇지? 하하하."

깔깔대는 나를 보고 하비도 웃는다. 우리나라도 아닌 곳에서, 좋은 곳이라 착각하고 6시간 산을 오르내리다니. 비록 산 정상에는 아무것도 없었지만 허무하지도 가난하지도 않은 넉넉하고 행복한 웃음이 있었다. 순간 '봉우리'라는 노래가 머릿속을 스친다.

"허나 내가 오른 곳은 그저 고갯마루였을 뿐……."

내려오는 길에 시원해 보이는 계곡을 발견했다. 누가 먼저랄 것도 없이 옷을 벗어 던지고 물속으로 풍덩! 천국이 있다면 이런 느낌이지 않을까. 마음까지 시원해지던 순간 우리의 웃음소리는 산 속을 날아다니는 한 마리 파랑새가 되었다. 언제쯤 또 그렇게 웃을 수 있을까?

잡으려 해서는 잡히지 않는 것
내 것일 수 없는 것
그저 휘파람 같은 시간들

내려오니 벌써 늦은 오후다. 허겁지겁 밥을 먹고 카페에 앉았다. 하비는 인터넷으로 전화를 하고 있었다. 그를 보는 나도 나를 보는 그의 입가에도 옅게 미소가 번진다. 어린아이 같은 사람, 왼쪽 어깨에 새가 보이는 사람.

'아, 나는 지금 소울 메이트와 여행 중이구나.'

이 시간은 대체 누가 계획했을까? 하늘이? 혹은 별이? 무엇이라도 괜찮다, 저 사람이어서. 나도 엄마에게 전화 한 통 해야겠다. 분명 난리를 치시겠지만…….

사실 엄마는 내가 인도에 있는 걸 아직 모르신다. 이야기하면 분명히 반대하실 걸 알기에 일단 저지르고 인도에 와서 연락할 생각이었다. 그날이 오늘인 것 같다. 마음을 단단히 먹고 전화를 건다.

"응, 근혜야."

"엄마, 난데……."

"응, 어디야? 학원이니?"

"아니, 인도야……."

"거기가 어딘데? 공연 때문에 지방간 거야?"

"아니, 비행기 타고 가는 인도. 카레로 유명한 인도……."

"어머 어머, 미쳤나 봐. 거길 어디라고 겁도 없이, 세상에……."

"위험하지 않아. 못 가게 할 것 같아서 이제 얘기하는 거야. 내 걱정은 하지 말고…… 시간 되는대로 또 연락할게. 걱정하지 마."

"내가 미쳐. 아무튼 조심하고 또 전화해야 한다? 그럼, 언제 오는데?"

"3개월 후에……. 전화할게."

후다닥 전화를 끊었다. 너무나 미안했지만 이미 와버린 걸 어쩌겠는가. 엄마는 늘 하고 싶은 것 앞에서 많이도 고집스러웠던 나를 믿어주신 분이다. 너무 속상해하지 마시길, 그 믿음으로 기다려 주시기만을 바랄 뿐이다.

문득 대학교 1학년 때가 생각났다. 나는 허리까지 오는 긴 머리를 스님처럼 밀었었다. 이유는 간단했다. 새내기 공연이 너무 심심해서, 그렇게 해서라도 뭔가 재밌는 모습을 보여주기 위해서. 엄마에게 들키지 않으려 가발을 쓰고 다니다가 무심결에 가발 벗은 채로 방을 나갔다. 그 모습을 보고 깜짝 놀라는 엄마에게, "나 두상 예쁘지?"라고 했던 나였다.

　그때는 적잖이 놀라셨지만 사실 지나고 보면 재미있는 해프닝일 뿐이다. 머리는 또 자라니까, 뭐가 문제인가. 하지만 이런 내가 우리 엄마는 참 싫었을 것 같다. 우스꽝스러웠던 나를 떠올리며 '이제는 좀 자랐나?'라고 스스로에게 물어본다.

　글쎄…….

세상을 물들인
아름다움

아침에 눈을 뜨자마자 들떠 있는 나. 가장 낡고 허름한 옷으로 갈아입고 마음을 단단히 먹으며 나갈 채비를 한다. 오늘은 그 유명한 홀리 축젯날(Holi Festival, 봄맞이 축제로 사람들이 거리로 나와 온갖 색의 가루나 물감을 서로에게 던진다)이다.

살짝 밖을 내다보니 모두가 이날을 준비했다는 듯 비장해 보인다. 유쾌한 비장함이다. 밖으로 나가니 날아드는 초록색 물감, 발등에 뿌려지는 빨간색 물감, 머리를 휘감는 파란색 물감 등 갖가지 색의 물감 폭탄들로 난무하다. 나 역시 쫓아가 장난스러운 미소를 지으며 물감을 던지기 시작했다.

현지인들과 여행자, 어른, 아이. 누구라 말할 것 없이 뛰어다니며 물감 공격에 박차를 가한다. 저 멀리 원숭이도 화려한 의상을 입고 있다. 마치 다섯 살 꼬마 아이가 비눗방울 날리는 걸 보며 신기해하고 즐거워하듯이, 모두 무지개 속을 뛰어다닌다. 지치는 줄도 모르고 연신 깔깔대며 온몸을 물들인다. 모두가 친구이고 이웃이고 가족과 같이 느껴지는 시간들.

옥상에서 사진을 찍고 있는 사람들은 모를 것이다. 즐겁게 한데 엉켜 놀고 있는 우리의 기분을.

'카메라를 내려놓고 이리 와 함께해요!

이 기분을 사진이 아닌 가슴속에 남겨요.

지금이 아니면 다시는 못 느끼게 될지도 모르니……'

악 올리듯 속으로 외쳐 본다.

그때 어디선가 이상한 '마녀'가 등장했다. 한 여자가 굉장히 히스테릭한 목소리로 하지 말라고 고래고래 소리를 지르며 경찰을 부르겠다고 난리다. 무슨 일일까. 그 주위로 사람들이 모여든다. 인도 남자 몇 명이 그녀를 향해 야유를 퍼붓고 엄지손가락은 아래로 향하고 있다. 알고 보니 성격 까칠한 국적불명의 한 여자가 이날의 즐거움을 만끽하기는커녕 자신을 불편하게 한다며 화를 내고 있는 것이었다. 결국 그 여자가 손가락으로 가리킨 인도 남자 몇 명이 경찰에게 잡혀 가면서 소란은 끝이 났다. 느낌상 그 여자는 여행자 같진 않았다. 경찰에게 돈이라도 쥐어 준건가. 왜 경찰은 그녀의 횡포에 꼼짝하지 못하는 건가.

세상에는 닳아 버릴 마음조차 없는 사람들이 있다. 번쩍이는 비싼 외제차와 으리으리한 집, 꽤나 그럴싸한 학벌도 있고 잘나가는 부모도 있는. 그러나 그들에게 마음의 잔고는 얼마 남아있지 않다.

가난한 사람들에게 베풀 수 있는 손톱만큼의 사랑도 그들 곁에 다가가 살며시 내밀 손도 없다. 그런 부류가 아니어서 마음이 가난하지 않아서 참 다행이라는 생각이 드는 동시에 입안을 맴도는 이 쓸쓸함은 어쩔 수 없다. 진한 차이 한 잔으로 헹궈야겠다.

오늘은 축제의 날이니 말이다.

홀리의 흔적을 아직 떨치고 싶지 않다.

역시 리시케시는 요가와 명상으로 유명한 곳이 맞다. 아침이 되면 으레 정좌하고 명상하는 사람들, 요가를 하고 있는 사람들이 보인다. 강을 사이에 두고 바위 위에 혹은 모래 위에 신선 같은 이들이 마음을 닦고 있다. 그 모습이 어찌나 편해 보이는지, 다음에 인도에 오게 된다면 이곳에 머물며 요가를 해봐야겠다는 결심을 하게 한다. 하고 싶은 게 생기는 것은 두근두근 설렘을 안는 것과 같다.

비틀즈가 앨범 작업을 한 곳.
그 예전 어느 시간에
내가 지나간 곳을 그들도 지났을까?

비틀즈 오빠들, 반가웠어요.
덕분에 음악에 어마어마한 힘과 사랑이
있음을 다시 한 번 느끼게 됩니다.
저도 한국으로 돌아가면 더욱
용기 내어 음악을 하겠습니다.
몸에 흐르는 뜨거운 피와
세포 하나하나에 있는
진심을 끌어내어 노래할 거예요.

바라나시에서 바바
지와 약속한 데로 우리
는 쿰 멜라 축제를 즐
기기 위해 하리드와르
로 이동했다. 산속 깊
이 꼭꼭 숨어 있던 사
두들까지 총출동하여
행진을 하는 이 축제는 해마다 열리는 것이 아닌 까닭에 우리는
복권이라도 당첨된 것 마냥 신이 났다. 그렇지만 이 많은 사람들
가운데서 어떻게 바라나시의 바바지를 찾을 것인가. 수많은 천막
아래 셀 수 없이 많은 사두들이 자리하고 있다. 얼핏 보면 그냥 깡
마른 아저씨들 같지만 오랜 시간 마음을 갈고 닦아 온 그들. 그 앞
을 지나며 사람들은 그들의 은총을 입는다.

백발의 할아버지가 강아지를 안고 사두의 앞에 섰다. 사두는
커라나는 하얀 가루를 할아버지의 이마에 묻힌다. 할아버지의
삶에 건강과 행복이 깃든다. 다 빠져 버린 이가 지난한 세월을 말

해주는 것 같은 할아버지가 어린아이처럼 웃으신다. 나도 그 앞에 섰다. 이마에 콕 묻은 하얀 가루가 오래가길 바라며⋯⋯. 그렇게 한참을 걷고 구경하고 붐비는 길 사이를 돌고 있을 때, 익숙한 목소리가 들린다.

"하비, 하비!"

누구겠는가, 이곳에서 우리의 이름을 부르는 이가. 바바지다. 우리의 바바지.

드디어 만나게 되었다. 오늘 밤기차를 예약해 놓았던 터라 그때까지 찾지 못하면 어쩌나 노심초사했는데. 한참을 못 보고 지낸 삼촌을 만난 것처럼 어색하지 않은 반가움이다. 다만 그 삼촌이 너무 헐벗고 있을 뿐……

거의 옷을 안 입었다고 봐도 좋을 그를 보고 있자니 민망하기도 하고 눈을 어디다 둬야 할지 몰랐지만 자연스럽게 행동해야 한다. 모든 것이 축제이고 의식이니까.

나를 보자 바바지가 반가워한다. 물론 나 또한. 그동안 어땠냐며 대강의 안부를 서로 묻고 잠시 앉아 숨을 고르기로 한다. 헌데 그의 시선이 한 곳을 응시한다. 바바지가 내가 끼고 있던 은반지를 은근한 눈으로 쳐다보더니 잠깐 빼보란다. 아무 생각 없이 반지를 빼 건네주었는데…… 이내 이상한, 아니 황당한 상황이 벌어졌다. 바바지가 내가 건넨 반지를 자신의 성기에 끼우고 있는 것이 아닌가.

"오, 오……. 와이?"

외마디의 비명 같지 않은 소리를 낸 후 이내 웃음이 터졌다. 하비 역시 옆에서 보고 있다가 놀란 표정으로 고개를 돌린다. 아직도 바바지가 왜 그런 행동을 했는지는 알 수 없지만 내 머리를 쓰다듬으며 은총을 내려 주었으니 그 대가라 생각하기로 했다. 그렇게 내가 아끼던 코끼리 반지는 상상하지(?) 못했던 곳으로 가버렸다.

사라진 반지처럼
인연의 끈도 언젠가는
저 멀리 아득한 수평선처럼
멀어져 갈지도 모를 일이다.
하지만 마음껏 바라보고
그리워할 수 있는
고요한 마음의 바닷속에
언제까지나 남아있음은 분명하다.
그리고 그렇게 바다는 깊어져 갈 뿐이다.

삶이라는 이름 앞에서.

두 걸음

가식이었을지도
몰라요,
미안해요

무지갯빛
사람들

기차를 타고 가다가
아주 아름다운 곳이 보여 내리고 싶다면
망설이지 말고 당장 그곳에 내려.

비록 그곳이 목적지가 아니더라도 말이야.

너무도 귀엽게 생긴 꼬마가 나를 쳐다보며 수줍게 웃는다. 어쩜 저렇게도 눈이 예쁠까. 웃는 얼굴에 살포시 들어가는 보조개가 마치 까만 밤하늘의 빛나는 눈썹 달 같다.

'뭐가 그리도 궁금한 거야. 천사 같이 맑은 아이야. 귀여운 강아지 형제들이 서로 장난치듯 기차 안을 뱅그르르 돌고 있는 너는, 나에게 무슨 할 말이 있는 거니.'

시선을 떼지 못하고 나만의 이야기를 속으로만 전하고 있는 사이, 아이가 다가와 내 손을 살짝 건드리고 도망간다. 그 곁엔 형인 듯 보이는 또 다른 아이가 조금은 어른스러운 모습으로 동생을 나무라고 있다. 나무란다고 보기엔 근엄하지 않은 짓궂은 표정이다. 나는 조심스레 가방에서 과자를 꺼내어 손에 쥐었다.

"이리와. 너 정말 귀엽다."
"헤헤헤……."

배시시 웃으며 망설이는 아이. 쑥스러운 듯 다가와 과자를 집는다.

"먹어, 이리 앉아봐."

아이는 영어를 할 줄 몰랐지만 내 곁에 얌전히 앉아 과자를 입에 물었다. 그 모습이 너무 예뻐서 볼을 쓰다듬고 얼굴을 다시 한 번 들여다보고……. 그 눈 속으로 빨려 들어갈 것만 같다. 그렇게 처음 보는 이와 사랑에 빠진 듯한 기분을 즐기고 있을 즈음 아이의 아빠가 다가왔다.

"저와 잠깐 얘기할 수 있을까요?"

그의 표정이 심상치 않다.

"인도의 많은 아이들이 구걸하는 모습을 보셨지요?"

"아, 네……."

"제 아이는 거지가 아닙니다. 그렇게 과자를 주시는 게 제 기분을 많이 상하게 하는군요."

"아, 죄송합니다. 저는 아이가 예뻐서 준건데……."

"인도에는 가난한 사람도 많고 교육을 시킬 수 없는 형편의 부모들도 많지만 일반적인 가정에서 자라는 아이들에게는 외국인들의 연민이 그리 도움이 되지 않습니다."

"다시 한 번 죄송합니다. 불편하게 해드렸다니……."

"좋은 마음으로 그러신 건 이해하지만 앞으로는 그러지 않으시는 게 인도 아이들에게 더 도움이 될 것 같군요. 그럼, 즐거운 여행 하세요."

"네……."

단호한 그의 말만큼 나의 마음 어딘가에서부터 슬픔이 밀려온다. 아이를 끔찍하게 사랑하는 아빠의 마음이 잉크가 번지듯 내 마음에 퍼진다.

이름 모를 아이야,
네가 정말 부럽구나.
멋진 아빠를 두어서……
부디 행복하렴.
그리고 그 맑은
눈 속에 행복만 담으며 살기를…….

기차 안에서 하염없이 창밖의 바람을 맞고 지는 노을을 본다.
사람의 시간은 목적지를 잃은 지 오래다.
우리가 가야 할 곳이 사랑이라고 유행가 가사처럼 읊조려 보지만
현실은 앞이 보이지 않는 끝없이 평행한 기차 레일 같다.
그 서글픔에 밀려 기차를 세워보고 싶지만 기차는 멈출 생각을 않는다.
달리는 기차에서 몸을 내던져야만 원하는 꿈에 다다를 수 있을지 모른다.

역에 정차할 때마다 빗자루와 쓰레받기를 들고 불편한 다리를 끌며 바닥을 청소하는 아이가 탔다. 한 아이가 내 앞을 쓸고 나서는 손을 내민다. 청소비를 달라는 건데 순간 망설여진다. 조금 전 아이 아빠의 말도 그렇고 난 부탁을 한 적도 없으니⋯⋯. 그래도 뭔가를 하고 돈을 요구하는 것이니 줘야 하는 건 아닌지 혼란스럽다. 이것 역시 어쭙잖은 나의 연민이라면⋯⋯.

생각을 멈추고 마음 가는 데로 했다. 10루피를 손에 쥐여 준다. 가족이, 저 아이를 기다리는 배고픈 어린 동생이 있을 거라고 확신하면서. 가난하지만 부디 아프지 않길 바라는 마음을 담아.

바닥을 쓸어 내듯
너에게 남은 슬픔도 함께 쓸어버리렴.

창밖에 나무가 지날 때마다 수를 세어본다. 다시 저 나무들을 셀 수 있을지 모르겠다. 가슴 저리게 사랑한 이를 다시 볼 수 없는 것처럼 갑자기 가슴 한켠이 시큰하다. 나무 한 그루 한 그루가 지나갈 때마다 그 아래 햇살이 저문다. 마음의 빛이 함께 저무는 까닭은 그저 내 안에 자리한 외로움 때문일 것이다. 외로움 안고 잠이 들면 또 아침이 오겠지.

원래는 두 사람이 앉아야 하는 자리에 5~6명이 앉는다는 것은 '세상에 이런 일이'에나 나올 법한 일인데 인도에서는 그게 일상이다. 보통 밤에는 슬리퍼칸(Sleeper, 침대칸)의 표를 사서 이동했지만 딱 한 번 일반칸의 표를 샀는데 이건 뭐 기가 차서 웃음도 나오질 않는다. 일반칸은 그야말로 콩나물시루 안에 갇힌 것처럼 사람들로 발 디딜 틈이 없다. 몇 시간이채 지나지도 않았는데 다리에 마비가 왔다. 하지만 이미 내 허벅지의 반은 깔고 앉은 살집 좋은 아주머니는 전혀 미안한 기색이 없다.

우리나라 출근 시간의 지하철을 '지옥철'이라고 하는데 인도에 비하면 천국이라 해도 과언이 아니다. 통로에도 사람들이 빼곡히 서 있어 움직일 수도 없는 상황, 일어나면 바로 자리를 뺏기게 되니 이동하는 내내 불편한 몸과 마음을 어찌할 방도가 없다. 이 상황이 나에게는 여행 중에 겪는 한두 번의 불편함이지만 이들에게는 지극히 당연한 일상이라는 생각을 하니 새삼 느낀다. 한국에서, 서울에서 나는 참 편하게도 살고 있구나…….

다리에 감각을 잃어갈수록 아주 우습게도 감사함이 커져가는 이 상황, 꽤나 아픈 주사를 맞고 있는 듯했다. 주사의 효과가 부디 오래 지속되기를…….

네오에게 매트릭스의 진실을 알려준 초록색 알약처럼 인도의 기차는 내게 세상의 민낯을 보여준, 단순한 이동수단 그 이상의 의미로 다가왔다.

생 일
축하해

    한국이 아닌 곳에서 생일을 맞아 본 것은 이번이 처음이다. 늘 주변의 친구들과 밤새워 술을 마시는 게 마치 관행 같았던 나의 생일 파티. 이번엔 잔에 채워진 술 대신 하늘에서 실같이 내리는 비가 내가 여전히 세상에 존재함을 축하해 준다.

    서른세 살의 나이를 처음 맞이한 이곳은 암리차르(Amritsar)의 황금 사원이다. 그럴싸한 파티나 술, 오랜 내 친구들은 없지만 차분하고 경건한 아침시간, 무료로 제공되는 아침식사와 하룻밤 숙소비가 면해지는 멋진 선물을 받았다.

    하비는 나에게, 축복받았다고 이렇게 멋진 곳에서 생일을 보내게 된 것은 행운이라고 즐거이 얘기한다. 아침을 먹고 설거지를 하는 손이 하늘에 떠 있는 구름마냥 가볍다. 설거지를 끝내고 돌아서는데 순간 '내가 나이가 꽤 많구나' 하는 생각과 함께 미소가 번진다. 어른들의 말은 왜 그리 맞는지…….

세월이 유수와 같다느니, 시간이 화살처럼 지나간다느니. 그 말을 이제야 비로소 실감한다.

나는 노래하기를 좋아하는 10살짜리 아이였다가, 방학이면 한 꾸러미의 책을 방에 늘어놓고 읽던 15살의 꿈 많은 소녀로 지냈고, 난생처음 첫사랑에 허우적거리며 갈피를 잡지 못하던 바보 같은 18살의 고등학생이었는데 말이다. 그때의 나와 지금의 나는 많이 다르면서 또 닮아 있다.

다시 그 시절로 돌아간다면 나는 다르게 살 수 있을까?
아니 돌아가지 않을 거다.

때로는 어리석고 때로는 순수했던 유년의 시간은 예쁜 그림처럼, 고운 액자에 끼워 벽에 걸어 놓는 게 좋을 것 같다. 그리고 그것들이 그리울 때면 내 안에서 혼자만의 전시회를 열 것이다. '달콤한 꿈'이라는 제목으로.

달콤한 꿈

얄팍한 오해 가식 섞인 사치
가버린 메아리 유령 같던 안개
그것을 우리가 그리워하네

지나온 시골길 정상 아래 나무 그늘
안겨 울던 그대의 따스했던 품속
그곳에 우리는 돌아갈 수 없네

실 같은 비가 내리고
바람은 파도에 나를 실어
아무도 없는 곳에 내려놓았지

손을 저으며 눈을 떠 보니
빛바랜 천장 오래된 낙서들
아마도 이것은 달콤한 꿈이었나
언젠가 그곳에 달려갈 수 있을까

- 그네와 꽃 -

나는 또 하나의 내가 우주 저 멀리서 지금의 나를 바라보고 있다는 상상을 종종 하곤 한다. 지구 밖에 살던 나는 따분하리만큼 너무 평화로워 늘 새로운 것을 좇았다. 그리고 지구에 재미난 일들이 많아 보여 놀러 온 것이다.

그러나 지구의 현실이 마냥 재미나기만 하지는 않다는 걸 절실히 경험하고 있는 중이다. 때론 괜히 왔다는 후회도 있지만 다시금 돌아간다면 여기가 그리울 것이라는 걸 안다. 그리하여 이 꿈을 즐겨야 한다는 나만의 이론으로 꽤나 잘 버티고 있다. 이런 소소한 상상이 삶의 무게나 힘겨움을 좀 덜어 줄 수 있다는 나의 경험으로 미루어 다른 이들에게도 추천해보고 싶다.

가혹한 것은 살아감이 아니라
그 속에 그저 던져지고 마는 우리의 연약함과
끝내 만족하지 못하는 욕심 때문이라고.

안녕, 혹시 너도 지구에 놀러 왔니?

무료로 먹은 아침을 소화도 시키고 동네 구경도 할 겸 밖으로 향했다. 유독 이곳에는 터번(Turban, 인도인이나 이슬람교도가 머리에 둘러감는 수건)을 두른 사람이 많다. 나도 한 번 머리에 둘러보고 싶은데 어떻게 하는 걸까, 내 긴 머리를 다 감아올릴 수나 있을까. 이런저런 생각을 하며 동네 골목 구석구석을 거닐며 아쉬울 것 없는 생일 파티를 만끽한다.

그러던 중 골목 안쪽에서 남자아이가 목욕을 하는 건지 물장난을 하는 건지 신나게 물을 끼얹으며 시원함을 즐기는 모습이 눈에 들어왔다. 자세히 보니 개를 목욕시키는 중이다. 사진을 찍어 주겠다고 하니 신이 난 아이. 여느 모델 부럽지 않게 포즈를 취하는 아이를 보니 사진작가가 된 기분이다. 하비와 나는 서로 경쟁이라도 하듯 열심히 셔터를 눌러댄다. 그러는 사이 골목 안에 사는 사람들이 하나 둘씩 고개를 내밀고 우리를 구경했다. 그중한 소년이 자기네 집으로 들어오라고 손짓을 한다.

"정말? 이래도 되나?"

하비가 들어가자고 앞장을 선다. 못 이기는 척 나도 그 뒤를 따른다. 가족 모두가 마치 우리를 연예인 보듯 모여들었다. 할머니는 흰죽을 내오시고 손자로 보이는 소년은 자기소개를 장황하게 한다. 그리곤 자신이 드럼을 연주하는데 밤에 연주하는 곳에 놀러 오겠냐고 묻는다. 우리는 밤기차를 타야 해서 갈 수 없기에 아쉬운 마음만을 전했다. 명함까지 전해주며 다음에 인도에 오면 꼭 오라고 당부하는 그에게서 깊고 순수한 정이 느껴진다.

우리는 대신 가족사진을 찍어 주겠노라 했다. 할머니부터 손자까지, 모두 함박웃음을 지으며 머리를 맞대고 카메라를 응시하고 있는 모습이 어쩌나 행복해 보이는지……

질투가 날 지경이다.

한바탕 사진작가 행세를 하고 나오는 길에 소년을 불렀다. 사진관이 어디냐고 앞장서라고 했다. 우리는 사진관 주인에게 메모리카드를 건네며 사진을 현상을 맡겼다. 바로 되지 않는다며 내일 다시 오란다.

나와 하비는 가족들이 사진을 들고 좋아하는 모습을 보고 싶었지만 하는 수 없이 비용만 지불하고 돌아서야 했다. 대신 우리 모델 소년에게 내일 꼭 사진을 찾아서 가족들과 같이 보라고 당부하고 작별 인사를 나눴다. 행복한 그림자가 소년의 뒤를 따라 열심히 달리고 있었다. 우리에겐 뿌듯함의 그림자가 함께했고.

아무도 한국말로 "생일 축하해" 라고
말해주지는 않았지만
스스로에게 멋진 선물을 준 것 같은
나의 33살 생일 파티는
이렇게 금빛으로 반짝이며
아쉬운 밤을 맞았다.

눈물은
후진시키고

희한하게도 하비는 한국 사람을 바로 알아본다. 자기가 느끼기
에 저 사람이 한국인이다 싶으면 서슴없이 '안뇽하세요?'라고 인
사를 건넨다. 적중률은 100%. 푸쉬카르(Pushkar)로 가는 기차 안
에서도 어김없이 하비는 어떤 남자를 향해 인사를 한다.

"어? 안녕하세요? 어떻게 한국어를……"

하비는 눈웃음으로 나를 쳐다본다.

"아…… 누나 한국 분이시구나. 안녕하세요?"
"네……. 안녕하세요?"

그 청년 성격이 꽤나 밝아 보인다. 혼자 인도를 여행 중인 이 친
구는 배드버그에 물려 간지러움을 참기 힘들었다는 이야기, 어떤

인도 여자가 자기를 꾀어내는 바람에 크게 당할 뻔했다는 이야기, 어제 먹은 음식이야기 등 봇물 터진 듯 자신의 여행담을 재밌게 늘어놓는다. 선생님이 되려고 준비 중인 그 친구는 혼자서 인도를 여행하는 자신을 상당히 뿌듯해 하는 듯했다. 맞다. 혼자 인도를 여행한다는 건 엄청나게 멋진 일임에 나 역시 동의한다.

함께 푸쉬카르에 도착해서는 먼저 카페에 들어가 빵과 음료를 먹고 숙소를 찾아 나섰다. 그 친구는 혼자이기에 우리와는 다른 곳으로, 혼자 머무르기에 더 가격이 저렴한 곳을 찾아본다고 했다. 우리는 나중을 기약하며 각자의 머물 곳을 찾아 자리에서 일어났다. 무거운 배낭을 빨리 내리고 싶다.

"하비, 너무 멀리 가지 말고 방 잡자."

그 순간 하비가 음흉한 웃음을 지으며 한 게스트 하우스로 들어간다. 아마도 내게는 말하지 않았지만 미리 알아본 곳인 듯하다. 그 게스트 하우스는 방마다 문 앞에 이름이 붙어 있었는데 우

리가 들어간 방의 이름은 '카마수트라[Kamasutra, 고대 인도의 성애
(性愛)에 관한 경전이자 교과서]'. 주인장이 물엿 같이 진득한 눈빛을
쏘고 있다.

민망하다. 방 안으로 들어가니 이름에 걸맞게 참 분위기가 묘
하다. 야하다고 하면 맞을까? 아니 화려하다는 표현이 더 어울릴
것 같다.

철저하게 동료로 여행을 하고 있는 우리에게 사실 그동안 로맨
틱은 온데간데없었다. 지치면 서로에게 짜증내기 일쑤였다. 솔직
히 말하면 인도를 여행하기 시작하는 순간, 우리는 이미 알고 있
었다. 우리의 사랑이 얼음을 많이 넣은 커피처럼 조금씩 묽어지
고 있다는 걸……. 커피는 입안으로 삼켜지고 얼음만이 남은 커피
잔에는 송골송골 물방울이 맺혀 있다. 그 물기마저 가실 날이 그
리 많이 남지 않았다.

목이 마르면 새로운 커피를 마시겠지.

하지만 슬프지 않다. 그 이전의 사랑과 다르다 말하긴 쉽지 않지만 그는 나에게 분명 세상에서 아주 소중한 무언가를 남겨주고 떠나는 사람이니까……. 첫눈에 나에게 반해 수줍게 고백하고 8개월 동안을 매일같이 전화한 사람. 너무 보고 싶다며 메신저 속 모니터 화면에서 펑펑 울던 아이 같던 사람. 내가 좋아하는 코끼리를 엄지손가락에 타투로 남긴 사람. 그는 애쓰고 있다. 옅어져 가는 자신의 마음을 잡아보려.

그대 너무 애쓰지 마요.
불꽃은 시간이 지나면 꺼져요.
물을 끼얹지 않아도.
나는 이제 그걸 알아버렸거든요.

마른 마음에 목이 멘다.
꼴깍 침을 삼키며 눈물을 후진시킨다.

들여다보다,
물들다

그날 저녁, 하비는 만날 사람이 있다며 들떠 있다. 스페인에서 함께 일하던 친구들이 푸쉬카르에 있다고 한다. 얼마나 설레겠는가. 이 먼 곳에서 친구들을 만난다는 건. 하비는 함께 저녁을 먹기로 한 곳으로 나를 데려간다.

와우, 역시 스페인 사람들. 열정적으로 반가워한다. 볼에 뽀뽀 세례를 받은 나는 조금 얼떨떨했다. 뭐 반가워서 그러는 거니까. 그들 중 아르헨티나에서 온 부부가 있었는데 6살짜리 딸과 2살짜리 아들을 데리고 앉아 쉴 새 없이 수다 중이다. 어느새 나는 보모가 되어 있다. 안고 손을 잡고 카페 이곳저곳을 구경하면서. 고개를 돌리니 나랑 다니느라 영어로만 이야기했던 하비는 오랜만에 터진 스페인어에 정신이 나가 있다. 나는 스페인어를 할 줄 모르니 소통에 언어가 크게 영향을 미치지 않는 아이들과 어울리는 수밖에. 다행히도 아이들은 물 만난 고기처럼 보기보다 상냥한 한국인 언니와 웃음꽃을 피울 줄 아는 유쾌한 아이들이었다.

스페인 친구들의 대화하는 모습은 흡사 우리나라 경상도 사람들의 모습과 비슷하다. 분명 싸우는 게 아닌데 싸우는 듯한 말투와 행동이 서슴없이 나온다. 아이들과 노는 시간이 점점 길어질수록 나는 지쳐가고 있었다. 이제 좀 들어가서 자고 싶은데……. 하비에게 이야기하고 먼저 일어나기로 맘을 먹는다. 그에겐 지금의 시간이 필요하다. 너에게 자유를 주노라. 하하. 그렇게 생각은 하면서도 왠지 모르게 쓸쓸한 기분에 젖는다. 나도 한국 친구들이 보고 싶고 실컷 수다 떨고 싶은데……. 방으로 향하는 걸음에 힘이 빠져 있음을 느낀다.

'에이, 자야지'

다음 날 아침 먼저 잠에서 깬 나는 혼자 루프탑에 올랐다. 아침 공기를 마시며 차이 한 잔을 시키고 저 먼 곳을 바라본다. 어제 이후로 좀 차분해진 것 같다. 그때 게스트 하우스 주인 남자가 슬며시 미소를 지으며 다가온다.

"하이, 네 남자친구는 어디 갔어?"
"아직 자고 있어."

'아 별로 대화하고 싶지 않은데…….'

"그럼 나랑 오토바이 타고 나갈래? 좋은 곳 구경시켜 줄게. 한 국 여자는 너무 예쁜 것 같아……."

'이거 지금 뭐하자는 거지? 난 남자친구가 있다고!!'

"아니, 괜찮아. 신경 써줘서 고마워."

이렇게 넘어가나 싶더니 이 남자 나에게 더 가까이 다가온다.

"진짜 남자친구 맞아? 내가 잘해줄게."

그렇지 않아도 변해가는 마음 때문에 심란한데, 이놈이……. 테이블에 차이 값을 놓고 자리에서 일어났다. 뒤도 돌아보지 않고 방으로 돌아오니 자고 있는 하비가 눈에 들어온다.

'바보 같은 놈……. 잘도 자네.'

'확~ 인도 남자랑 오토바이 타고 도망갈까 보다.'

씻고 나갈 채비를 한다. 우리는 오늘 오토바이를 빌려서 이곳저곳을 돌아다니기로 했다. 일어난 하비에게 아침에 있었던 일을 들려줬다.

"거봐 카마수트라 방에 있으니까, 쉽게 보잖아."
"꾸네, 게스트 하우스 옮기자!"

듣고 보니 기분은 상하나 보다. 우리는 다시 배낭을 메고 근처 다른 곳으로 방을 옮겼다. 온통 하늘색 벽으로 칠해진 옥상을 가진 시원하게 트인 게스트 하우스다. 음침한 동굴에서 세상으로 나온 기분이 든다. 밖으로 나와서는 오토바이를 빌리러 갔다.

가는 길에 어제 만났던 스페인 친구 알렉스를 마주쳤다. 그녀는 스페인의 이비자 섬에서 장사를 하려고 준비 중이란다. 인도에서 화려한 옷과 은으로 된 액세서리를 사다가 팔기 위해 날마다 상점들을 돌아다니느라 정신이 없다고 한다. 순간 나도 '아차' 하는 생각으로 머릿속이 번득인다. 학원을 3개월 이상 쉬고 있으니 한국에 돌아가면 당장 생활비도 없을 게 분명한데……

'나도 인도 옷을 좀 사가지고 가서 팔아야겠어.'

좋은 아이디어다. 알렉스 고마워. 한국을 떠나 있으면서 모든 걸 잊고 있다 생각했는데 돌아가 살 궁리를 하고 있다. 이런.

400루피 달라는 오토바이 렌트 가격을 250루피로 흥정하고 부릉부릉 달리기 시작했다. 달리면서 신나게 놀고 있는 아이들을 바라본다. 내가 손을 흔들면 아이들도 손을 흔든다. 속도를 줄여서 사진을 찍을라치면 모두 근사한 포즈를 취해준다.

유쾌한 녀석들. 옷은 꼬질꼬질하고 신발도 신지 않은 어린아이들이지만 단단해진 그들의 발바닥처럼 앞으로 다가올 일들에 대해서도 그들의 마음이나 행동이 단단할 수 있을까.

그러나 아이들의 발에 신발을 신겨주듯
그들을 걱정하는 내 생각이
오히려 오만일지도 모르겠다.
그냥 걸어도 괜찮겠지.

저들은 혼자가 아니니까.

어디로 가는지 모르겠다. 그저 무작정 길을 따라 달린다. 한참을 달리니 산길이다. 건물도 없고 사람도 보이질 않는다. 나무 덕에 시원한 바람도 함께다. 길이 끝나가는 곳에 사당 같은 곳이 보인다. 사람들이 동전을 두고 간 흔적도 남아있다. 나도 주머니에서 작은 동전 하나를 꺼내 소원과 함께 손을 모은다.

이제 다시 내려가는 길. 평평한 곳에 다다르자 작은 절이 보인다. 슬그머니 들여다보니 외국인 남자 두 명과 인도 사두가 모여 앉아 차를 마시고 있다. 사두는 우리를 보더니 들어오라고 손짓한다.

그래, 쉬어 갈 겸 들어가자. 독일에서 온 핸섬 가이와 몸집이 좋은 미국 남자, 그들은 인도를 얼마 동안 여행 중이고 다음 행선지에 대해 이야기를 나누고 있었다. 모두가 장황하지 않은 적당한 목소리로 대화를 주고받는다. 시원한 차 한 잔과 쉼과 같은 수다. 사람 사귀는 걸 좋아하는 하비는 우리 이야기에 신이 났다. 아니다, 나도.

그때 문밖에서 소녀 두 명이 걸어 들어온다. 쑥스러운 듯 해맑게 웃으면서. 내 곁에 슬며시 앉아서 무어라 말을 하는데 알아들을 수가 없다. 나는 웃으면서 물었다.

"나는 한국에서 왔어. 너희는 근처에 사니?"

보아하니 소녀들의 관심은 내 질문보다 카메라에 있는 눈치다. 손짓을 하는 게 자신을 찍어 달라고 하는 것 같다. 내가 카메라를 들이대며,

"우리 노래해 볼래?"

하곤 내가 먼저 노래를 한 소절 했더니 소녀가 손동작을 하며 노래를 시작한다. 동영상을 촬영하는 내내 저 소녀가 부르고 있는 노래의 내용이 뭔지 궁금했다. 손으로 리듬을 타면서 노래하는 이 아이. 끼가 보통이 아니다. 나중에 한국에 와서 네팔 친구에게 노래의 내용을 물어봤더니 이렇단다.

아빠가 늦게 와도
나는 괜찮아요
아빠가 술을 마시고 와도
나는 괜찮아요
아빠가 해주는 맛있는 빵이
나는 좋아요
언젠가 나는 아빠 곁을 떠나겠죠
결혼을 해야 하니까
아빠가 늦게 와도
나는 아빠가 좋아요

친구에게 그 이야기를 듣고 일순간 소름이 돋았다.

아빠.
쉽지 않은 두 글자.
미안해요, 너무 늦은 지금.
나는 아빠가 괜찮지 않았어요.

그 소녀의 노래를 통해 다시금 상기하게 되는 나의 어리석음들. 그때는 어려서 어쩔 수 없었다고 핑계를 대보지만 그 핑계조차 들려줄 수 없이 지나고 난 후에야 알게 되는 삶이라는 것이 때론 참 얄밉다. 지금이 지난 뒤에는 또 무엇을 알게 될까? 또 무언가 내 마음 한구석을 '쿵' 하고 울릴 것이 오겠지.

내려오는 길에 마을을 둘러본다. 인도는 참 화려하다. 벽색이나 인도 여자들이 입은 사리의 색을 볼 때마다 눈에 스펙트럼을 대고 세상을 보는 듯하다. 새까맣게 탄 피부와 긴 머리, 항상 입고 있는 인도 바지, 칭칭 감고 있는 팔찌들. 어느새 나 역시 인도 사람이 다 되어가고 있다. 시간이 지날수록 지난 시간 속의 나를 잊는다. 그리고 지금의 나를 만나고 앞으로 올 무언가를 기다리게 된다. 이것이야말로 또 다시 내가 배낭을 메고 운동화 끈을 꽉 묶는 이유다.

날개를
달 다

다음 날 밥을 먹으러 가는 길에 지난번 기차에서 만났던 한국인 청년을 다시 만났다. 싱글벙글 웃고 있는 모습에 뭐 좋은 일이라도 있냐고 물으니 드레드 머리를 할 거란다.

"한국 가면 언제 그런 머리를 해보겠어요? 여기 드레드 잘하는 유명한 사람이 있대요. 누나도 하시면 잘 어울릴 것 같은데…….
같이 가실래요?"

"아니, 난 지금 머리도 벅차. 어디야? 몇 시간 걸릴 테니까, 밥 먹고 놀러 갈게."

"네. 그럼 놀러 오세요."

정말이지 너무도 즐거워 보인다. 한국으로 돌아가면 선생님을 한다고 하니 단정한 옷차림에 말쑥한 머리 스타일로 어쩌면 평생을 살아야 할지 모른다. 나도 학교 다닐 때 레게나 드레드 머리를 한 선생님을 본 적이 없으니까……. 겉모습으로 사람을 판단하는 일이 비일비재한 사회에 산다는 건 자유를 방해받고 있다는 느낌마저 든다. 나는 피어싱을 하고 팔에 타투도 있지만 홍대에 있을 때는 아무도 나를 신경 쓰지 않는다. 나 역시 마찬가지다. 하지만 집에 내려가 엄마와 동네 시장만 같이 다녀도 사람들이 쑥덕댄다. 어떤 아주머니는 엄마에게 대체 딸이 뭐 하는 사람이냐고 묻기까지 한다. 타투를 한 이후로는 엄마까지도 나와 공중목욕탕을 가지 않으신다. 창피하냐고 물었더니 그런 건 아닌데 동네 사람들이 쑥덕대는 게 싫다고 하셨다. 이러니 드레드 머리 하나에 이 예비 선생님은 등에 날개를 다는 듯 신이 날 만하다.

부디 그대의 날개에 바람이 더해지길.

머리 하는 곳에 들러 그를 보니 따가워 죽겠다고 소릴 지르면서도 여전히 싱글벙글이다. 나까지 날개가 생기는 것처럼 날갯죽지가 간지럽다. 파이팅.

길을 가다가 범상치 않아 보이는 여자를 보았다. 은제품을 파는 가게에서 허리에 매는 화려한 벨트와 액세서리를 사가지고 나오는 그녀는 진한 화장에 현란한 사리를 입고 있다. 분명 인도 사람은 아니다. 짐작하건대 유럽 사람인 듯했고 여기 살고 있을 것 같은 예감도 들었다.

그녀가 진한 향수 냄새를 남기며 내 앞을 지나간 뒤 나는 나도 모르게 그녀가 나온 상점으로 들어가 그 여자에 대해 물었다.

"저 여자분 뭐 하시는지 아시나요?"

"응?"

"좀 전에 나간 분……"

"아, 댄서야. 독일 사람인데 여기서 인도 춤 배우고 가르치고 공연도 하고 그래."

"역시, 뭔가 아티스트의 냄새가 나더라니……"

"내일 저쪽 광장에서 공연한다던데 관심 있으면 가봐."

"네, 감사합니다."

순간 내일 꼭 공연을 보러 가야겠다고 생각했다. 분명 굉장히 아름다울 것 같다는 기대와 함께. 하비를 꾀었다.

"내일 저녁에 공연 보러 가자. 저쪽 광장에서 댄서들이 공연한대."

'거절할 하비가 아니지. 하하.'

다음 날 날이 어두워지기를 기다렸다. 풍선처럼 부풀어 가는 마음을 안고 광장으로 향한다. 처음에는 군무로 시작했다. 여러 명의 아름다운 여인들이 그윽한 조명 아래 새처럼 날아다닌다. 색색의 깃털을 가진 새들이 무대를 장악하고 있다.

다음은 남녀 댄서의 차례다. 둘은 사랑을 하듯 몸짓을 한다. 내가 기대하고 있던 그 독일 여자와 잘생긴 인도 남자가 서로의 눈빛을, 호흡을 나눈다. 아, 사랑이다…… 저 몸짓. 눈을 뗄 수가 없는 무대에 나는 순식간에 매료되었다.

사람이 무언가를 표현하는
수단에는 여러 가지가 있다.

나는 노래로, 다른 이는 그림으로,
또 어떤 이는 몸짓으로, 때론 사진으로.
그 모든 것에 거짓은 없어야 하며
그 순간만큼은 다른 불순물이
섞이는 것을 허용할 수 없다.

우연히 길에서 마주친 어떤 이에게 강한 끌림을 느끼고 그 자석 같은 힘에 이끌려 그에게로 다가간 지금 이 순간 나는 에메랄드 빛 바다를 헤엄치고 있다. 그 바닷속에는 가슴으로 숨을 쉬게 하는 신비로운 해초가 있어서 하늘을 날듯 내 몸을 있는 그대로 맡길 수 있다.

그래서 나 역시 노래하는 걸 멈출 수 없다. 때때로 지쳐있는 나를 보면 안쓰럽기도 하지만 사람에게는 저마다 역할이라는 게 있다. 그리고 그 역할을 잘 소화하기 위해 거저 주어지는 것은 없다. 반드시 겪어내야 할 시련이 있고 아픔들이 있다. 당당히 감정들에게 나를 내어 놓을 때 비로소 그것은 하나의 작품이 된다. 그 작품은 곧 나이기도 하다. 그러니 나를 가꾸는 일에 어찌 소홀할 수 있겠는가. 꽃에 물을 주듯 오늘도 나는 나 자신에게 가는 비를 내려 준다.

촉촉하기 위해.
그리고 예쁜 꽃을 피우기 위해.

지나가게
그냥 두세요

그렇게 인상적인 공연을 즐긴 다음 날. 아침에 눈을 떴을 때 작고 예쁜 카페에서 내린 진하고 향 좋은 커피 한 잔이 간절했다. 주섬주섬 옷을 차려입고 하비를 깨운다.

"일어나. 커피 마시러 가자."
"오…… 꾸네. 가방에 커피 있어. 그거 마시자."
"싫으면 나 혼자 나간다."

그는 일어난다. 주름이 나무껍질처럼 많은 얼굴을 한 채로. 정확한 명칭은 지금도 모르겠지만 하비에게는 물을 끓일 수 있는 도구가 있다. 스프링처럼 생긴 쇠막대 같은 것인데 전원을 꼽고 물 잔에 그 쇠를 담그면 물을 데울 수 있다. 그 덕에 여행 내내 나는 눈을 뜰 때마다 향기로운 커피 향을 맡을 수 있었다. 짠돌이인 하비는 절대로 카페에서 커피를 마시지 않았기 때문에 그 도구가 유용하게 쓰였다. 하지만 오늘만큼은 카페 안에서 맛있는 커피를 마시고 싶다.

골목 어귀를 지나 커피가 맛있다는 작고 아담한 카페에 들어갔다. 어, 그런데 얼마 전에 만났던 독일 핸섬 가이가 카페 안에 있다. 키가 작고 귀여운 동양 아가씨와 함께. 그 동양 아가씨는 중국 사람인데 영국에서 살고 있는 웨이조라는 친구다. 웃을 때마다 보이는 덧니가 인상적인 아가씨. 독일 청년과는 같은 게스트 하우스에 머문다며 생글생글 웃으면서 본인의 여행 이야기를 늘어놓고 있었다.

여행을 하다 보면 자연스럽게 친구가 되는 사람들이 있다. 모두에게 마음을 열어 놓아서라기보단 서로에게 필요한 정보 같은 것들을 교환하고 공통된 경험을 나누면서 자연스럽게 말이다.

사실 지금에서야 이야기지만 요전에 독일 청년을 봤을 때 뭔가 찌리릭 하는 느낌이 있었다. 나만의 오해일지도 모르겠지만 그가 나를 바라보는 눈빛에도 무언가 다정함이 있었다. 그는 말수가 적고 편안한 얼굴을 하고 있다. 내가 속으로 '아닐 거야' 하며 스스로 최면을 걸고 있을 그때, 그가 하비에게 물었다.

"내가 네 여자친구 메일 주소를 물어봐도 될까?"

지금도 이해할 수 없다. 그냥 나에게 물으면 될 것을……. 더 재밌는 건 하비는 못 들은 척 웨이조랑 수다를 떨다가 나에게 그만 나가자고 한다. 결국 나는 아쉬운 독일 핸섬 가이의 눈빛을 뒤로 하고 밖으로 나왔다.

밖으로 나온 나는 오늘 하루는 각자 돌아다니자고 했다. 그런 시간도 필요할 것 같다고. 몹시 화를 내는 하비를 무시하고 홀로 길을 걷는다. 사실 오늘은 한국에 돌아가 팔 옷가지들을 살 계획이다. 흥정을 하려면 혼자여야 한다고 생각했다. 바지를 한 30장 정도 살 생각이다. 인도의 바지는 다행히 천이 얇아 무겁지 않으니까 짊어질 수 있겠지. 여기저기 한 10군데는 넘게 들어가 무늬

가 예쁘고 화려한 색깔의 바지를 샀다. 그 와중에 아르헨티나 부부도 만나 반갑게 인사를 나누었다. 의외로 그들은 영어를 전혀 하지 못했다. 나도 영어 실력이 뛰어난 건 아니지만 그들이 어떻게 물건을 사고 아이들까지 데리고 여행을 하고 있는지 상상이 되질 않는다.

보디랭귀지가 최고라고 해도 가격을 깎아야 하는 시점도 있고 분명 자신들의 의사를 표현하는 데 있어서 어느 정도 영어는 해야 할 것 같은데⋯⋯. 히피 같아 보이는 그들에게 두려움은 없는 듯하다. 하긴 그 점이 그들을 훨씬 멋져 보이게 해주고 있다. 그들과 식사를 하고 아이들과도 시간을 좀 보낸 뒤 나는 또 다른 곳으로 발길을 돌린다. 한국에 있는 친구들에게 줄 선물을 몇 개 사야 했기에⋯⋯.

남부로 이동을 하면 물가가 높아 여기보다 모든 것이 비싸지기 때문에 지금 부지런히 움직여야 한다. 이 정도쯤이야 내 사랑하는 친구들을 위해 기꺼이 즐길 수 있지 않겠는가. '히말라야'라는

상점에서 이것저것 생필품을 사고 있는데 뒤통수가 따갑다. 마른
몸의 하비가 팔이 축 처진 채로 서서 나를 바라보고 있는 것이다.
슬픈 영화의 주인공처럼 그의 모습이 처량하다. 코끝이 살짝 붉어
지고, 눈에는 눈물이 고인 그.

미안합니다.
처음처럼 당신을 사랑하지 않아서.

다가와서 나를 와락 끌어안는 그의 심장이 불안한 듯 뛰고 있
다. 오히려 담담한 쪽은 나인 듯하다.

"보고 싶었어. 하루 종일 혼자 어디를 그렇게 다닌 거야?"
"그냥 이것저것 좀 사느라고……."

유치원이 끝나고 엄마가 데리러 오기만을 기다린 아이 같다. 아
이는 유치원 마당의 그네에 앉아 있다. 아이의 발은 엄한 바닥만

휘휘 젓고 있다. 흙이 묻어 있는 신발을 보며 짜증을 낸다. 오지
않는 엄마에게 괜한 심술도 부린다.

그러나 나는 엄마가 아니다. 엄마이고 싶지 않다. 그에게…….
그렇게 우리는 더 이상 뜨겁지 않은 손을 잡은 채 사람들 속을 걷
는다. 나는 아무런 말이 없다. 어떤 말로도 설명할 수 없다. 나의
미적지근한 손과 마음을.

그렇게 마음이 밤이 되어간다.
희미한 달빛만이 그윽한 밤 말이다.

슬슬 이동할 준비를 한다. 식사를 마친 뒤 이동할 버스도 예약할 겸 배낭을 꾸려 놓고 밖으로 향했다. 다음 장소는 자이살메르(Jaisalmer). 그곳에서 낙타 사파리를 할 계획이다.

그전에 이곳에서 낙타와 먼저 사전 미팅, 아니 교감 같은 걸 좀 해봐야겠다는 생각이 들었다. 푸쉬카르에도 낙타 사파리를 하는 곳이 있다고 해서 물어물어 그곳을 찾았다. 사람들을 태워 정해진 코스를 한 바퀴 도는 듯했다. 언덕에 앉아 쉬고 있는 낙타들에게 다가갔다. 색색의 장신구를 한 배우 같은 낙타들. 사람들을 태우고 다니느라 지친 기색이 역력하다. 얼마나 피곤할까. 마음이 아프다.

예전에 태국 여행 중에 코끼리를 타는 코스가 있었는데 나는 타지 않고 그저 먼발치에서 코끼리를 쳐다만 본 적이 있다. 탈 수가 없었다. 코끼리는 내가 어려서부터 너무 좋아하는 동물이다. 그런데 이번엔 낙타를 타야 한다.

미안해.

코끼리만큼 널사랑하지는 않나 봐 …….

이런 생각을 하며 버스표를 예약하러 내려오는데 한 인도 남자가 우리를 불러 세우곤 말을 건다. 어디로 가냐며 행선지를 묻더니 버스표를 싸게 예약해 주겠다고 한다. 자이살메르로 간다고 했더니 자기 사촌 형이 거기서 게스트 하우스를 하니 전화해서 이야기해 주겠단다. 도착하면 그 숙소로 가라고 권했다.

평소 같았으면 우린 그런 호객 행위에 넘어가지 않는데 그날은 왜 그랬는지 그의 말에 넘어가 버렸다. 우선은 슬리퍼 버스표를 사고 그의 앞에 서 있으니 그가 어딘가로 전화를 한다. 누군가와 통화를 마치더니,

"자이살메르에 도착하면 우리 사촌 형이 너희 마중을 나와 있을 거야. 밤새 버스에서 피곤할 테니까, 형 차로 편하게 이동해." 분명히 너희 마음에 들거야.

의기양양한 그의 모습 때문이었을까? 왜 우리는 보기 좋게 속아 넘어간 걸까?

버스를 타기까지는 아직 시간이 많이 남았다. 우선은 저녁을 먹고 나는 마지막으로 살 게 있어서 시장에 들렀다. 걱정하고 있을 엄마를 위한 선물이다. 내가 사기로 마음먹은 것은 엄마와 나의 커플링.

엄마의 왼손 약지에는 반지가 없다. 15년을 넘게 그저 자식만 보고 사셨다. 궂은일 마다하지 않고 자신을 가꾸는 것에 신경 쓰지 않고 산 그녀는 언제나 당신 자신보다 오빠와 내가 먼저였다. 마르고 작은 왜소한 몸이지만 보기보다 훨씬 강한 분이다. 그녀가 울고 웃을 때 그 눈동자 속에는 항상 내가 있었다.

때때로 누군가와 사랑에 빠지고 싶지 않았을까. 외로움에 몸서리쳐지는 날들은 또 얼마나 되었을까. 그 마음을 이해하려면 부모가 돼야 할까? 어렸을 적 미역국에 있는 소고기를 모조리 내 국그릇에 담아주시고, "나는 고기가 싫더라. 미역만 먹는 게 훨씬 개운해"라고 말씀하셨던 엄마. 나이를 먹어갈수록 그녀에게 사랑이 찾아오기를 간절히 바라고 있다. 그런 의미에서 내가 고른 반지의 원석은 문스톤이다. 문스톤은 연인들의 보석이다. 사랑이 깊어져서 행복을 지속시켜 준다는 의미가 있다고 해 고민 없이 집어 든다. 엄마의 사랑을 빌며.

나의 반지는 자수정. 마음의 평온을 유지할 수 있게 해주고 자신이 가야 할 길을 이끌어 주는 힘이 있단다. 무엇보다도 내게 필요한 것이다. 달랑 반지 하나로 그동안의 송구스러움을 어찌 다 용서해달라고 할 수 있겠나. 단지 그녀의 눈 속에 내가 있기에 그 눈 속에 아름다운 내 모습을 담아드리기 위해 오늘도 나는 크게 숨을 내쉰다.

세
걸
음

길 위의 사람들,
감사해요

코끼리 한 마리가
벽 틈의 작은 구멍을 통해
무언가를 들여다보고 있다.

숨소리가 커졌다 작아졌다,
슬며시 미소를 짓는다…….

코끼리가 보고 있던 작은 구멍 속에 사람들이 있다.

이유 따위는 없이 낙타와 걷고 있는 사람들.

그들의 뒷모습에 보이지 않게 떨어지는 가루들이 있다.

코끼리는 어느새 그 가루들을 코로 받아 휘휘 허공으로 날린다.

그저 허공으로…….

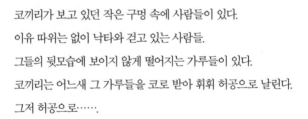

때로는
이런 일도

슬리퍼 버스의 공간은 고개를 조금만 들어도 머리를 '쾅' 하고 부딪히는 시골의 다락방 같다. 이른 새벽녘, 버스 안에서 쪼그리고 앉아 과자로 허기를 채우고 피곤한 몸으로 간신히 쪽잠을 자고 나니 아침이 밝았다.

몸 여기저기가 뻐근하고 일어나는데 우두둑 소리가 난다. 눈은 또 왜 그리 뻑뻑한지. 잠을 제대로 못 자서인가, 공기가 그런 건가. 버스에서 내려 기지개를 한 번 펴고 가방을 챙기는데 우리를 마중 나온 사람이 있다. 푸쉬카르에서 우리에게 버스표를 예약해 주었던 남자의 사촌 형. 남자의 표정이 어딘지 모르게 능글능글하다. 가방을 들어 주는 그에게 약간의 의심이 인다.

그가 운영하고 있는 게스트 하우스의 이름은 데저트(desert). 자이살메르는 사막과 낙타 사파리로 유명한 곳이니 그럴 만도 하지. 지나는 길마다 온통 황톳빛이다.

신기하게도 자이살메르는 성 안에 게스트 하우스가 있다. 이름 모를 요새를 찾아가는 듯한 기분이다. 공주가 된 것 같은 기분까지는 아니었지만 오래된 동화의 이야기 속으로 향하고 있는 것 같다.

어떤 이야기가 기다리고 있을까.
동심을 잃은 어른에게는
잔혹 동화가 기다리고 있는 건 아니겠지?

　2박 3일 동안의 낙타 사파리를 계획하고 이곳에 온 우리는 게스트 하우스 주인에게 비용과 코스에 대해 물었다. 차이를 무료로 건네고 나긋나긋한 목소리로 친절을 베푸는 그에게 우리는 홀딱 넘어가 2,300루피라는 거금을 주고 낙타 사파리를 예약했다. 사실 우리나라 돈으로 치자면 5만 원 정도밖에 안 되는 액수지만 하루에 250루피 방에 머물던 우리에게 낙타 사파리는 굉장한 사치인 셈이다. 그것도 모자라 오늘은 성 입구에 있는 고급스러운 레스토랑에서 조금 비싼 식사마저 했다. 앞으로 있을 3일에 대비해서 말이다. 든든히 배를 채워 두고 지치지 않기 위해 온몸에 맛있는 것들을 보내준다. '조금 더 오래 남아 있어줘'라고 부탁하며.

　성 안에서 맞이하는 분주한 아침. 작은 가방에 생존 수단들을 챙겨 드디어 출발한다. 무슨 로봇처럼 긴 다리를 삼단으로 접었다 폈다 하는 낙타의 등에 오르니 살짝 미안한 마음도 든다. 우리 둘뿐 아니라 인도인 커플, 스위스 여자 두 명, 낙타 몰이꾼 네 명 등.

10명의 친분도 없는 인연들이 기대 반 두려움 반을 마음 한가득 안고 사막으로 간다.

마치 세상에는 두 가지 색만 존재하는 것 마냥 하늘과 사막은 무한과 고립이라는 두 개의 세상을 열어 준다. 초반에는 무한한 기대감으로 연신 싱글벙글인 나. 그러나 뜨거운 태양에 오롯이 구워지고 있는 듯 시간이 지날수록 고립이라는 두려움이 조금씩 엄습해 온다. 낙타의 등이 딱딱한 탓에 엉덩이도 심하게 아파오고 물집이 생겼는지 스멀스멀 쓰린 통증도 밀려온다.

4시간 정도 지났을까? 잠시 나무 그늘에 앉았다. 낙타 몰이꾼들은 챙겨온 생수통을 내리고 차파티를 만든다. 그들은 정녕 무한 체력의 소유자들인가. 힘든 기색이 전혀 없다. 오히려 지쳐 보이는 우리에게 농담을 건네며 너스레를 떤다. 스위스 여자들은 하얀 피부가 벌겋게 익어 고통스러운 표정을 짓고 있고 인도인 커플은 여자친구의 심한 짜증으로 오는 내내 냉전 상태다.

이 시간을 즐기지 못하면 후회할 것 같다. 안 되겠다 싶어 몰이 꾼들 앞으로 다가가 쪼그리고 앉아 대화를 시도한다.

"덥지 않아요?"
"우리는 뭐 생활이니까요."

손으로는 열심히 반죽을 하며 나와의 이야기에 흔쾌히 응한다.

"내가 좀 도와줄까요?"

꼬맹이 쳐다보듯 나를 보며 웃기만 하는 그들. 하긴 내가 무슨 도움이 되겠는가. 이렇게 더운데 우리들을 위해 식사를 준비하는 그들에게 내가 뭘 할 수 있을까. 갑자기 노래 한 곡이 부르고 싶어졌다.

"후회하고 있다면 깨끗이 잊어버려, 가위로 오려 낸 것처럼 다

지난 일이야. 후회하지 않는다면 소중하게 간직해. 언젠가 웃으며 말할 수 있을 때까지~~"

그들이 내 노래에 맞춰 좌우로 몸을 흔들수록 내 목청이 커진다.

"너라면, 할 수 있을 거야. 할 수가 있어 그게 바로 너야~~"

바람은 불지 않지만 노래를 하는 동안 시원한 무엇인가 분명 우리 몸을 지났음을 느낀다. 그리고 그것은 분명 바람이 아니었을지 모른다.

너무 더워서인지 차파티의 맛을 도통 느낄 수가 없었다. 그래도 마음만은 즐겁다. 나와 조금 친해졌다고 생각했는지 한 명이 조심스레 이야기를 건넨다.

"사실, 당신들 모두 바가지 썼어요. 우리 사장 여기서 악덕하기로 유명해요. 다른 곳에서 했으면 1,500루피면 할 수 있었을 텐데…… 얼마 냈어요?"

'아니, 이런……'

"우리 2,300루피……."
"내가 그럴 줄 알았어. 그 사장 결혼도 했는데 게스트를 꾀어서 별짓 다 하고…… 참 한심해요."

저편에서 낙타와 나란히 앉아 쉬고 있던 하비가 다가와서 묻는다. 참 귀도 밝다.

"그게 사실이에요?"
"그렇다니까. 이따가 밤에 올 거예요. 게스트들 챙긴다는 이유로 와서는 바람피우는 거예요. 분명 여자 게스트 한 명 데려와서 자고 갈 거예요."

뭐 그렇다 해도 이미 지불한 데다가 여기 사막 한가운데서 뭘 할 수 있겠는가. 체념하는 나와는 사뭇 달라 보이는 하비. 그렇게 사막에 저녁이 찾아오고 있었다.

식사를 마치고는 다시 낙타에 올랐다. 하루 종일 걷는 게 다인데 왜 난 이걸 원한 걸까. 알다가도 모를 일이다. 잠시 요술과도 같은 사막의 마을에 들러 시원한 음료와 얼어있는 물을 구입하고 잘 곳을 찾아 떠났다.

날이 어두워지고 장작불이 타올랐다. 저녁 준비를 하는 사람들의 손이 바빠진다. 그때 아니나 다를까 게스트 하우스 주인장이 한 여자를 데리고 찾아왔다. 그들에게만 감지되는 로드맵이 있는 걸까. 신기하다. 이정표도 없는 이 사막에서 어떻게 찾아온 걸까.

허세로 가득 차 보이는 주인장은 맛있게 저녁을 먹으라며 큰 소리로 웃는다. 낮에 들은 이야기 때문인지 그 모습이 꼴사납다.

'양아치 같으니라고…… 쯧쯧'

사막의
첫날밤을
맞았다.

태어나 처음 맞는 밤
모래를 침대 삼아
별빛을 천장 삼아
확대경으로 하늘을 눈앞에 당겨 놓은 듯
별이 환하게 쏟아진다.
할 말을 잃고 그저 목이 멘 내 볼에
또르르 눈물이 흐른다.
아니 별이 볼을 따라 미끄럼을 탄다.
별을 덮고 잠이 든다.
너무도 환상적인 미지의 세계에서.

사막의 새벽은 낮의 뜨거움과는 사뭇 다르다. 몸이 으스스 떨리고 코도 좀 맹맹하다. 모래가 들어갔나? 덮고 있던 담요를 목까지 끌어당겨 보지만 그 어디보다도 태양이 가장 먼저 이곳에 찾아오는 탓에 늦잠자고 싶은 아이의 투정 같은 내 모습은 이내 정상궤도로 바뀐다. 부지런한 몰이꾼들은 벌써 일어나 여기저기 불을 지펴 놓고 아침 식사 준비를 하고 있다. 부스스한 모습의 여행자들은 피곤한 기색이 역력하다. 다들 심하게 야근을 하고 회사에서 쪽잠을 잔 사람들 같다. 그런데 도통 하비가 보이질 않는다.

　　'아침부터 어디 간 거야.'

　　혹시 화장실이 급해서 멀리 어디론가 달려갔나? 사막은 사방이 화장실일 수 있지만 반면에 모래 언덕 뒤로 꼭꼭 잘 숨어야 한다.

　　'꼭꼭 숨어라, 머리카락 보일라……'

혼자서 들리지 않게 입술 끝을 움직이던 중 어디선가 들려오는 하비 목소리.

"당신의 속임수에 나는 몹시 화가 나요!"

"속인 적 없다니까!"

"돈을 돌려 달라고는 하지 않을 테니 오늘은 우리 둘과 낙타 몰이꾼 한 명만 함께하게 해줘요. 만약 그렇게 해주지 않는다면 인터넷에 당신네 게스트 하우스며 당신의 행태에 대해 다 올릴 테니 알아서 하쇼."

"뭐라고요?"

소리를 지르던 주인장의 목소리가 조금씩 사그라진다. 어제의 비장한 표정은 이 장면을 각오하고 있었나 보다. 주인장이 몰이꾼들에게 눈짓을 하는데 한 사람이 우리 곁으로 다가온다. 자신을 미스터 씽이라고 소개한 그는 터번을 두르고 갈매기 같은 긴 콧수염을 길렀다. 얼핏 보면 마술사 같은 느낌이 있다. 아니 지금 막 동화책에서 튀어나온 듯한 모습이다. 그렇게 미스터 씽과의 짧지만 소중한 인연이 시작되었다.

그는 우리를 보며 대견한 듯 미소를 지었다. 아침부터 왁자지껄한 바탕 소동이 끝나고 우리는 또 낙타에 오른다. 머리 위의 작은 새와 함께 낙타는 오늘도 걷는다. 바람 없는 세상 속을.

새로운 친구 미스터 씽. 여기서 씽은 노래하는 뜻의 'sing'을 의미한다. 그는 서두르지 않고 우리가 여유를 즐길 수 있게 천천히 앞장을 서고 있다. 그러다 내 옆에 와서 묻는다.

"직업이 뭐예요?"
"노래해요. 나도 미스터 씽처럼……. 헤헤."
"음, 아주 멋지겠는 걸요, 나처럼……. 으하하하."

그의 웃음소리는 세상에서 제일 듣기 좋은 풍경 소리와 흡사하고 웃는 모습은 과장되어 보이나 무척이나 끌리는 만화 주인공과 또 닮아 있다. 노래하시는 분이라 그런가? 이리 더운데도 콧노래를 흥얼거린다.

"엉덩이 아프지 않아요? 잠깐 내려서 쉬었다 가요."
"네, 고마워요."

내 마음을 쏙 읽어 내는 그가 곁에 있으니 내 입가에도 미소가 떠나질 않는다.

"둘은 얼마나 만났어요? 결혼할 거예요?"
"글쎄요, 아직 결혼은…… 이제 만난 지 1년 좀 넘은 걸요."
"좋은 사람을 만났을 때 놓치지 말아요. 얼마나 좋아요. 이렇게 같이 여행도 다니고……."
"……."
"나는 말이죠. 결혼하기 전에 내 와이프의 얼굴을 보지도 못했어요. 결혼식 날 그녀를 봤을 때 사실 좀 실망했었지요."

"왜요?"

"너무 뚱뚱하더라고요. 하하."

"날씬한 여자를 좋아했어요?"

내가 짓궂게 묻는다.

"뭐 그렇다고 할 수 있죠. 지금도 여전히 뚱뚱하긴 하지만 내게 아들을 셋이나 선물해 준 사람이에요. 처음에 들었던 실망과는 달리 지금은 그녀를 누구보다 사랑해요. 얼굴도 몰랐던 사람과도 난 이렇게 잘 사는데 당신들은 서로에게 끌려서 시작한 만남이니. 오죽하겠어요?"

미스터 씽은 사막 위의 스승이다. 가볍고 소탈하게 던지는 그의 말 한마디 한마디는 희한하게도 귀로 들어오는 언어가 아니었다. 그의 언어는 내 머리카락을 타고 흘러 탐지기처럼 내 몸 주위를 한 바퀴 돌아 가슴으로 들어온다. 그리곤 이내 심장을 부드럽게 마사지한다. 비싸지도 않고 아프지도 않은 마음의 마사지를 말이다.

하비와 나는 서로를 지긋이 바라본다. 내 마음을 보증할 수는 없다. 다만 지금 우리는 바라볼 뿐이다.

사막의
별

이 황량한 사막에 마을이 있다는 게 신기하다. 마을 어느 집 한 곳에서 여행자들을 위해 시원한 음료와 간단한 먹을거리들을 팔고 있었다. 얼음물을 사러 들어가는데 미스터 씽이 한마디 한다.

"시원한 맥주를 사고 얼음물을 챙겨요. 얼음물 덕분에 아마도 밤에 시원한 맥주를 마실 수 있을 거예요."
"아, 그런 방법이 있었구나."

그러고 보니 인도에 와서 술이란 걸 마셔 본 적이 없다. 한국에서 나는 거의 주당에 가까운 사람이었는데, 욕심내지 않고 각자 한 병씩 먹을 수 있도록 맥주를 샀다. 한 병의 짜릿함, 그 뒤에 올 아쉬움을 기대하며……

오늘 하루도 똑같이 사막 위를 걸었지만 어제처럼 지루하지도 더워서 짜증이 나지도 않는다. 이유인즉슨 유쾌하고 즐거운 미스터 씽 때문이다. 해가 모래 언덕 뒤로 꼬리를 보일 때쯤 미스터 씽은 자리를 잡고 저녁을 먹자고 했다. 짐을 내리더니 뒷모습을 보이며 어디론가 걸어간다. 불을 피우기 위해 잔가지들을 구하러 가는 모양이다.

셋이 앉아 차파티를 만들고 아까 사 두었던 맥주를 꺼냈다. 병을 만져보니 이제 막 냉장고에서 꺼낸 것처럼 시원하다.

"건배!"

하……. 살면서 이렇게 맛있는 맥주를 마셔 본 적이 없다. 이걸 어떻게 설명할 수 있을까? 하늘에 감사하다. 이런 맛을 느끼게 해 줘서.

"하비, 장난 아니지?"
"오, 꾸네. 말 시키지 마."

그는 말을 잇지 못한다. 그 역시 다시는 이런 맥주를 마실 수 없을 것이다.

"미스터 씽, 고마워요."
"행복하죠? 이 맥주 한 병으로도?"
"네! 네!"

어린아이들이 선생님에게 대답하듯 우리의 목소리가 우렁차다. 밤은 어김없이 찾아왔다. 어둑어둑 빛이 없는 사막 위에 우리 셋뿐이다. 빛이라고는 셀 수 없이 많은 촘촘한 별들뿐이고. 미스터 씽이 빈 생수통을 모래 위에 꽂는다. 그리곤 그 생수통을 퍼커션 삼아 노래를 한다. 나는 일어나 춤을 춘다.

"꾸네! 노래 불러줘요!"

그래, 답가를 원한다. 두 남자가…….

"우리가 어느 별에서 만났기에 이토록 애타게 그리워하는가.
우리가 어느 별에서 그리워했기에
이토록 아름답게 사랑할 수 있나……"

"어머나 어머나 이러지 마세요.
여자의 마음은 갈대랍니다……"

"말 달리자.
산다는 건 그런 거지!"

"All of me,
why not take all of me……"

신이 나서 쉬지 않고 노래하는 나. 박수치고 일어나 서로 부둥
켜안고 춤을 추는 두 남자. 이번엔 내가 생수통을 두드린다.

미스터 씽의 목소리가 별들을 깨운다. 그의 목소리에 화답하듯
별들의 박수가 환청이 되어 귓가를 맴돈다. 듣는 이를 신경 쓸 필
요도 마이크를 체크할 필요도 없다. 미친 듯이 흥이 난 우리의 공
연. 그 공연은 자유함의 향연이다.

"나는 저쪽으로 가서 잘 테니, 두 사람은 별이 가장 잘 보이는
여기서 자도록 해요."

"그냥, 여기서 자요."

"에이고, 안 될 소리! 잘 자요."

그러면서 우리의 잠자리를 만들어 준다.

램프의 지니가 소원을 들어주고 사라지듯 그 밤 그는 사막 어
딘가에 숨겨진 램프 속으로 사라져 그만의 휴식을 취했을 것이다.

후우, 크게 숨을 내쉬고 누우니 또 다시 별이 쏟아진다. 어제는

별 무리를 보았고 오늘은 별 하나하나를 보고 있다. 그 하나하나의 별들에 지나간 시간 속의 사람들이 새겨진다. 결혼하고 아이를 낳은 뒤 자주 보지 못한 내 죽마고우들, 언제나 든든히 나를 지켜주는 사랑스러운 동생들, 눈물 흘리며 속을 털어 놓고 밤새 술을 마시던 선배들……. 오해라는 이유 아래 인연이 끊어진 사람들, 내가 싫어 보지 않는 그들.

이유야 어찌 되었건 어긋난 인연에게 사과를 해야겠다는 각오가 생겼다. 우리 모두 저 밤하늘의 별들이 아니던가. 각자는 빛나고 있으나 떨어져 있을 때는 밝기가 선명하지 않을 뿐……. 그러나 사람을 그 존재 자체만으로 이해하고 살기는 쉽지 않다. 언제부터인지는 모르겠지만 싫은 사람은 그냥 안 보면 그만이지라고 체념하고 애쓰려 하지 않았다. 그렇게 많은 이들이 떠나고 또 새로운 사람들을 만나고……. 과거는 과거로 두는 게 좋다고 생각하지만 그 시간 진심으로 사랑했던 사람들에게 마지막으로 내 마음을 알려야겠다. 그리고 그런 마음을 담아 노래해야겠다.

<u>사막의 별</u>

사막에 누워
쏟아지는 별빛 바라보다가 눈물이 흘러
그대는 알까
별 같은 그대 눈빛 속에 담겨져 있는
짙은 외로움을

느낄 수 있어요
나 알고 있어요
그대 그 마음을

비가 내리고 햇살이 비추죠
살아간다는 건

해맑게 웃는 그대여
때로는 모든 걸 내려놓아요
그렇게 웃는 그대 모습 보며
내가 울지 않도록

바다에 누워
흐려지는 달빛 바라보다가 눈물이 고여
그대는 알까
빛나는 그대 미소 속에 숨겨져 있는
깊은 외로움을

느낄 수 있어요
나 알고 있어요
지난 시간들을

사랑했지만 함께일 수 없던 이별 그 시간들
해맑게 웃는 그대여
이제는 뒤돌아보지 말아요
뒤돌아 우는 그대 모습 보며
내가 울지 않도록

- 그네와 꽃 -

＊

날이 밝아오는 게 야속하기만 하다. 이리도 빠른 시간 안에 정이 든 사람은 미스터 씽이 처음일 것이다. 만남과는 달리 헤어짐은 왜 이렇게도 익숙해지지 않는 것일까. 어제도 그랬지만 낙타 몰이꾼에게 팁을 줘야 하는데 내가 이 사람에게 얼마의 돈을 쥐여줄 수 있을까. 허리에 차고 있던 비상금을 세어 본다. 낙타 사파리 비용을 지불하고 난 후라 그리 많지 않다. 남은 돈을 작게 접고 100루피짜리 지폐를 봉투처럼 만들었다.

"다음에 또 오게 되면 만나요."
"너무 고마워요. 꼭 그럴게요."

그와 포옹하는데, 눈물이 왈칵 쏟아진다.

"왜 울어요. 또 볼 텐데……"

안은 팔이 놓아지지 않는다. 하비의 눈에도 눈물이 고여 있다.

"잘 있어요, 우리가 또 올 때까지……."

지금도 그를 생각하면 눈물이 고이고 그 사막의 노랫소리가 그리워진다. 그는 어느 별에서 온 걸까. 몹시도 보고 싶은 그는 분명 나와 같은 별에서 온 동지일 것이다.

'여전히 고마워요, 미스터 씽.'

사랑의
무덤

너무도 아름다운 것을 보면 오히려 숙연해진다. '멋지다'라는 말은 잊고 입은 반쯤 벌어진 채 눈빛은 멍하니 그것을 향한다. 한 남자가 너무도 예쁜 여자를 봤을 때 선뜻 말은 걸지 못하고 콩닥거리는 심장 때문에 어쩔 바를 모르는 것과 비슷한 마음이랄까. 지금의 내가 그렇다.

아그라(Agra)에 도착했을 때 나의 첫 느낌은 '아, 공기가 탁하다'였다. 식욕도 여느 때와 같지 않아 밥도 먹는 둥 마는 둥. 아그라는 나와 맞지 않는 곳인가, 드디어 내가 지쳤나 싶었다. 돌아다니기도 싫고 좀 쉬고 싶은 마음뿐, 하루 정도 휴식을 취해야 할 것 같았다.

타지에 나와서 병이라도 나면 얼마나 서럽겠는가. 여기선 내 컨디션은 내가 알아서 챙겨야 한다. 하비에게 이야기하고 하릴없이 잠만 잤다. 얼마를 잤는지도 모르겠다. 일어나 보니 이른 아침. 조금은 가벼워진 몸을 일으켜 루프탑으로 향한다.

　따뜻한 차이 한 잔을 시키고 여전히 잠에 취해 게슴츠레한 눈을 떠보려 하는 나. 오른쪽으로 고개를 돌려 희미한 안갯속을 바라보다가 눈이 깜짝 놀란다. 연기 같은 뿌연 안갯속에 보물이 보인다.

'저게 그 유명한 타지마할(Taj Mahal)이구나.'

사진으로만 보던 그곳. 하비를 불러 저것 좀 보라며 손짓을 한다. 그가 미소를 짓는다. 서둘러 아침을 먹고 발걸음을 재촉하는 우리. 이른 시간이지만 꽤 많은 사람들이 입구 앞에 있다. 비싼 입장료 때문에 하비는 망설이는 것 같다. 타지마할 입장료는 현지인에겐 20루피를 받지만 외국인에게는 750루피를 받는다. 기가 막힐 정도로 차이가 난다. 그의 눈치를 알아채고 내가 조른다.

"하비, 그냥 들어가자. 딱 한 번이야."

평소의 나답지 않게 애교 작전을 펼쳐 본다.

"나에게 좋은 생각이 있는데⋯⋯. 아니야. 꾸네, 들어가자!"

사실 이번에 인도에 오면서 나는 처음으로 카메라를 샀다. 하지만 카메라를 살 때의 각오와는 달리 나는 사진을 많이 찍지 않았다. 아마도 오늘이 이번 여행에서 내가 카메라의 셔터를 가

장 많이 누른 날이 될 것 같다. 타지마할에 발을 디뎠을 때 나는 알았다. 부인 뭄타즈 마할(Mumtaz Mahal)을 향한 샤 자한(Shah Jahan, 인도 무굴제국 5대 황제)의 깊은 사랑을. 한 남자의 사랑으로 수많은 이들이 희생된 곳. 요즘엔 한 달 만에도 건물 한 채 정도는 뚝딱 지어지는 것 같은데 이 무덤을 짓기 위해 얼마나 많은 사람들의 땀과 시간이 들었을까……

그 흰색의 대리석 묘는 춥지 않은 순백의 얼음집 같았다. 그리고 동시에 영원히 녹지 않을 그의 마음 같기도 했다.

한참을 말도 없이 맨발로 걸었다. 얼마나 지났을까. 하비가 곁에 와서 속삭인다.

"꾸네, 그렇게 좋아?"

"응……. 너무 아름답다……."

"내가 더 멋진 거 보여 줄게, 나가자!"

나는 대꾸도 없이 그를 따라 타지마할을 뒤로하고 걸음을 옮긴다. 타지마할의 뒤편에는 작은 강이 하나 있다. 그 강의 이름은 여무나 강. 타지마할의 뒤태를 볼 수 있는 곳이다. 나는 몰랐었는데 하비는 이미 알고 있었다. 해가 질 무렵 강에 비친 타지마할의 모습이 장관이라는 것을. 나란 사람은 참 뭔가 조사하고 준비하는 것에 부족함이 많다.

하비는 단 한 명뿐인 뱃사공을 설득해 배에 올라야 하는 중요한 임무를 맡았다. 뻔하지 않은가. 우리 둘만 배에 오른다고 하면 엄청난 가격을 제시하리라는 건. 뱃사공에게 다가간다.

"얼마에요?"
"500루피."

'어, 이 아저씨 부르는 게 값이군.'

"에이, 너무 비싸요. 좀 깎아주세요."
"노!"

단호한 아저씨를 어떻게 설득할 것인가. 하비가 다시 한 번 용기를 낸다.

"깎아주세요. 우린 가난한 여행자들이에요……."

순간 아저씨의 표정이 성난 사자로 변한다.

"너희 부자 미국 놈들이잖아?"

그의 고함에 하비가 대답하는데 나는 웃음이 '빵' 하고 터져버렸다.

"Fucking America, I'm Spanish!!!"

뱃사공도 당황한 듯 말이 없다.

"그러지 말고 사람을 좀 더 모으자. 둘만 타는 것보다 여러 명을 태우면 가격을 좀 깎아 주시겠지."

우리는 협상에 들어갔다. 하비는 이미 다른 외국인들을 섭외 중이다. 그중에 미국인도 있을 텐데……. 그렇게 해서 우리는 외국인 몇 명을 모으고 가격은 1인당 100루피로 극적인 협상을 이뤄 냈다.

'이런 기세라면 나라도 구하겠어. 하하.'

배에 올라 저무는 해 속의 타지마할을 바라보는 건 아름다움을 넘어 경건하기까지 한 경험이었다. 실력이 뛰어난 그 어떤 유명한 화가도 저 모습을 종이에 오롯이 옮기기에는 역부족일 것이다. 아니 그림으로 그리고 싶지 않을지도 모른다. 마음의 렌즈로 가슴속에 찍기에도 모자랄 테니까.

눈이 아니라 마음이 호강하는 순간들. 이런 모습을 목격한 삶은 분명 살아볼 만한 가치가 있는 것 같다. 세상 곳곳에 그 이유들이 숨어 있다. 아니 우리를 기다리고 있다. 우리는 그저 가벼운 운동화를 신고 그곳을 향해 걸어가기만 하면 되는 것이다. 그것이 용기가 필요한 일이라고 미루지 말자. 미루기에는 시간과 젊음이라는 놈이 기다려주지 않으니까 말이다.

타지마할을 뒤로하고 환하게 타오른 불꽃 같은 마음을 안고 레드포트(Red Fort Complex, 붉은 요새 복합 건물)로 향한다. 타지마할의 명성에 눌러 뒷전이 돼버린 아름다운 곳. 그 주위를 걸으며 바닥에 비치는 내 그림자를 바라본다.

길게 늘어진 내 그림자
발끝 살짝 닿은 또 하나의 나.
밤이 되면 짧아질 이야기
해가 지고 나면 사라질 나.

현지 음식을 너무도 잘 먹는 나지만 이쯤 되니 향수병이 도진 건가. 얼큰한 국물의 라면과 김치가 간절하다. 인도에는 은근히 한국 음식점이 많다. 하지만 그 맛은……. 한국의 맛이 아니다. 분명히 신라면이라고 했는데 국물 맛에서 인도 향이 난다. 우다이푸르(Udaipur)에 와서 처음으로 한국 음식점을 찾았는데 실망이다. 그래, 이 먼 타국에서 한국의 맛을 기대하는 건 내 욕심이지. 아쉬움을 집에 돌아간 뒤 찌그러지고 낡아빠진 양은 냄비에 청양고추와 대파를 송송 썰어 넣고 꼬들꼬들한 면발을 입 한가득 후루룩 흡입하는 장면으로 달래 본다.

　호수 위에 그럴싸한 호텔이 있다. 세계 유명 인사들이 다녀갔다는 레이크 팰리스 호텔. 우리는 호숫가에 앉아 그저 하나의 풍경으로 바라본다. 신혼 여행지로 유명하지만 나에게는 여독을 풀어준 아늑하고 고요한 곳.

분홍빛
꽃

인도에 온 지도 2개월이 되어간다. 이제는 조금의 휴식이 필요한 타이밍인 것 같고 맛있는 것도 좀 실컷 먹고 싶었다. 첫날 찾은 음식점은 음식 종류도 다양하고 맛도 좋았다. 오케이! 여기를 단골로 삼아야지. 유독 한국 사람들도 많이 마주친다. 그리고 문득 한국에 있는 내 친구들이 그립다.

다음 날 친구들에게 엽서를 보내기 위해 상점에 들렀다. 화려한 사진들의 엽서가 나를 유혹한다. 길을 지나다가 코끼리를 타고 지나가며 사진을 찍으라는 남자와도 눈인사를 한다. 세상에는 참

다양한 방법의 돈벌이가 있구나……. 슬며시 코끼리에게 손을 대고 지나친다.

친구들에게 주려고 사 두었던 선물과 엽서를 나열한다. 누구에게 먼저 쓸까. 그리움은 참으로 아름다운 감정이다. 어떤 사람이 때론 어떤 순간이 그리울 때 마음에는 분홍빛 꽃이 핀다. 꽃잎 한 장 한 장에 사연이 물들어 있다. 뭉뚱그려 분홍이라기엔 제각각 진하고 옅고의 차이가 있다.

한 자씩 한 자씩 엽서를 채워가며 허전했던 나의 마음을 채워 본다. 한 사람 한 사람 어울리는 선물과 함께 그리움을 포장한다. 테이블 위의 그것들을 바라보니 뿌듯하고 고마운 마음이 흐른다. 운이 좋았던 걸까. 저 옆에서 한국말이 들려온다. 나도 모르게 그들의 이야기를 엿듣는다.

"이제 한국으로 돌아가면 뭐, 친구들 좀 만나고 바로 훈련소로 가겠지……."

✴

"야, 오늘 저녁은 거하게 먹고 술도 진탕 마시자!"

"안녕하세요?"

내가 인사를 건네자 깜짝 놀라는 친구들.

"많이 타셨네요. 한국 사람인지 모르겠어요."

"네. 인도 오신 지 얼마나 됐어요?"

"아, 저는 15일 일정으로 왔어요. 입대하기 전에 기억에 남는 여행을 하고 싶어서요."

"그렇구나. 곧 들어가시겠네요?"

"네. 사흘 뒤에 출국이에요."

순간, 염치 불고하고 이 친구에게 부탁을 하고 싶어졌다.

"저, 혹시 짐이 많지 않으시면 이 선물이랑 편지 좀 제 친구에게 전해 줄 수 있어요?"

흔쾌히, '그러세요'라고 대답하는 친구들. 사실 인도에서 우편으로 선물을 보내는 것에 좀 망설임이 있었다. 시간도 오래 걸릴 뿐더러 가끔 중간에 없어지기도 한다는 말을 들어서다. 그런데 이렇게 신속 정확한 우편배달부를 만났으니 행운이라는 생각이 든다. 고맙다는 인사와 함께 나중에 꼭 보답하겠다고 약속을 한다. 건강하게 군 생활하라는 인사와 함께.

나는 저 친구의 나이에 무얼 하고 있었더라. 갑자기 어린 친구의 용기가 그의 여행이 부럽다. 이 친구가 10년이 지나 또 인도를 오게 된다면 지금이 그에겐 그리움이고 추억일 테지.

'고마워요, 착한 우편배달부 동생.'

오후가 되니 호수 근처로 사람들이 모여든다. 라자스탄 전통춤 공연이 있다고 한다. 호숫가에서는 춤을 추고 행렬이 이어졌다. 수많은 사람 속에 섞여 흐름을 따라 나는 느린 걸음을 내딛는다.

　수많은 사람들 속에서 아까 엽서 속의 주인공이었던 사람도 보인다. 돌돌 말아 올린 터번과 귀에 닿는 콧수염이 인상적인 할아버지도. 연예인을 본 것처럼 반가운 이유는 뭔지, 하하. 그런데 실제로 수많은 사람들이 그의 사진을 찍고 있다. 범상치 않다 했더니 역시 인기가 장난이 아니다.

　기대하지도 않았던 축제를 즐길 수 있게 되었던 밤. 갑자기 걸려온 전화기 너머에서 반가운 친구의 목소리가 들린다. 친구의 목소리에 흥분한 나. 하지만 이내 전화를 끊는다. 그 친구와의 수다는 길지 않아도 괜찮다. 곧 만날 테니까.

다시
한 걸음

별이 반짝입니다.
그대처럼

<u>그대 내게</u>

그대 내게 안겨요
힘들었죠 고단했죠
그대 내게 말해요
지친 마음 내려놔요

사람들은 변해가고
추억들은 잊혀지고
변해버린 시간들에
눈물 흘릴 때

내게 안겨 쉬어요
내 어깨에 기대요

그대 내게……

- 그네와 꽃 -

소녀 넬라를
만나다

두 달이 넘는 시간을 여행 중이다. 이제는 마음의 여유를 갖고 놀아 봐야겠다. 인도의 남부, 히피들이 많다는 곳. 지금까지 경험한 곳과는 사뭇 다르다. 맥주도 실컷 마시고 해변에서 수영도 하고 그동안의 무게들을 다 씻어내고 떠나야지 다짐한다. 다른 곳에 비해 훨씬 자유로운 분위기의 이곳이지만 대신 물가가 대단히 비싸다.

고아(Goa)의 유명한 해변 안주나(Anjuna)에 도착해서 방을 잡는 첫날 우리는 물가를 실감할 수 있었다. 하룻밤에 600루피를 달란다. 게스트 하우스 주인장과 흥정 중인 하비가 500루피까지 깎았으나 나는 고개를 젓는다.

"저기 제 와이프가 안 된다네요. 그동안 여행하면서 돈을 많이 써서 경비가 넉넉지 않아요, 조금만 더 깎아주세요."

"500루피도 비싼 거 아니에요."

주인장도 단호해 보인다. 나는 하비에게 한마디 한다.

"일주일 이상 묵고 선불로 드릴 테니 싸게 해 달라고 해봐."

부부 사기단의 등장. 선불이라는 말이 먹힌 듯하다. 하룻밤에 350루피로 낙찰! 방안으로 들어와서 짐을 푸는데 웃음이 나온다. 인도 여행의 막바지 즈음 우리는 흥정의 달인, 부부 사기단이 되어 있었다.

레스토랑에 가서 밥을 시키는데 확실히 가격이 좀 세다. 바다가 보이는 자리에 앉아 시원한 맥주도 한 잔 주문한다.

'너무 돈 생각하면 낭만이 없어지니까, 그동안 아꼈던 거 여기서 실컷 써야지.'

밤새 기차를 타고 온 탓에 몹시도 피곤한 우리는 알코올에 몸을 맡기고 고아에서의 첫날밤을 맞았다.

우리에게는 특명이 하나 있다. 하비 친구인 데이빗이 부탁한 것. 그도 작년에 이곳에 왔었는데 그때 친해진 사람들이 있는 모양이다. 그 당시 찍었던 사진을 현상해 전해주라고 하비에게 부탁한 것이다. 해변에서 노점을 하는 쉴라를 찾아야 한다.

날이 밝아 해변을 거닐었다. 여느 휴양지 못지않은 모습이지만 다행히도 사람들이 많은 시즌은 아니다. 한산한 해변가에 관광객 보다는 장사하는 이들이 더 많아 보인다. 천천히 둘러보다가 얼굴이 참 고운 한 아이에게 말을 걸었다.

"사람을 찾고 있어요, 쉴라라고……. 혹시 알아요?"

"어, 우리 사촌 언닌데요……."

"아, 정말요?"

"여기서 장사한다고 들었는데 어디 있어요?"

"……."

순간 소녀의 표정이 굳는다. 잠시 망설이는 듯 입술 끝을 오물 거리던 그녀가 말을 꺼낸다.

"언니는 이제 여기 없어요……."

"응? 왜요? 어디 갔는데요?"

"델리에서 온 남자랑 도망갔어요……."

"네? 결혼이 아니고, 도망?"

"가족이 정해 준 사람이 아니었어요. 언니는 다시는 안주나로 돌아올 수 없어요."

그렇다. 여전히 인도에는 정략결혼이라는 것이 남아있다. 부모가 정해 주면 묻고 따지지도 않고 결혼해야 한다. 그나마 뭄바이 같은 대도시 젊은이들은 사리를 입지 않아도 되고 본인이 좋아하는 사람을 만나는 등 많이 현대화가 됐지만 아직도 인도 곳곳에는 이런 관습이 여전히 남아있다.

좋아하는 사람을 만나는 대신 가족을 볼 수 없다니……. 가혹하다는 생각이 든다. 신분 제도가 아직 있다는 것이 사실 실감이 나지 않지만 우리나라에도 양반과 노비의 신분제도가 있던 시대가 있지 않았던가. 현재를 사는 내가 과거의 제도를 거기다 내가 겪어보지 않은 문화를 뭐라고 함부로 말하기란 그리 쉽지 않은 일이다.

안타까운 표정을 짓고 있는 그녀의 이름은 넬라. 16살의 꽃 같이 어여쁜 소녀다. 우리는 데이빗을 기억하냐고 물었다. 그녀가 환하게 웃으며 기억한다고 한다. 함께 즐거운 시간을 보냈음이 분명하다. 그녀의 입가를 보니.

"데이빗이 쉴라에게 전해주라며 사진을 줬어요."

사실 사진이 들어 있는 봉투 안에는 돈도 좀 있었다. 그 당시 형편이 어려웠던 쉴라네 가족을 생각해서 데이빗이 넣어 둔 것이다.

"저쪽에서 고모가 장사하고 계시니까 절 따라오세요."

그녀를 따라가며 오만가지 생각이 머리를 뱅그르르 돈다. 다시는 볼 수 없는 딸의 이야기를 꺼내는 것이 과연 괜찮은 걸까. 조금은 잠잠해진 엄마의 마음에 돌멩이를 던지는 건 아닐까. 하비에게 살며시 묻는다.

"우리가 잘하고 있는 거야?"

하비는 대답 대신 눈썹을 살짝 올린다. 넬라를 따라간 해변의 한쪽에 가늘게 여윈 쉴라의 어머니가 있다.

"나마스테."

인사를 건네고도 한참을 머뭇거리고 있는 우리. 영문도 모른
채 연신 웃음을 보이는 그녀. 보고 싶은 딸의 사진을 건네야 할 것
같다.

우리의 눈치를 보던 넬라가 말을 꺼낸다. 얘기를 듣는 쉴라 엄
마의 표정이 어두워진다. 그리곤 고개를 푹 숙인 채 땅만 쳐다 보
신다. 조심스레 쉴라의 사진을 그녀에게 내밀었다.

"이야기는 들었어요……. 너무 염려하지 마세요. 언젠가 꼭 만나
게 될 거예요……."
"보고 싶었는데……."

뚫어져라 딸의 사진을 보고 있는 엄마. 위로라는 말 자체가 어울
리기나 하는지 모르겠다. 아무런 말이 없는 그녀는 조용히 눈물
을 삼키는 중이다.

곰팡이가 피지 않게 마음을 말리세요.
축축하게 습기가 밴 마음에는
행복이 들어오기 힘들어요.
저도 지금 마음을 말리는 중이랍니다.

"이렇게 많은 핀들을 매일하고 주무세요? 아님 잘 때는 빼놓으세요?"

분위기를 바꿔보고자 나는 그녀의 장신구들을 가리키며 수다스러운 자세를 갖춘다.

"항상 하고 있는 것들이에요."
"불편하지 않으세요? 예쁘긴 한데 저는 못할 것 같아요······."

다행이다. 웃음을 보인다.

넬라가 장사하는 곳은 그늘이 진 해변 레스토랑 앞이다. 커다란 자판에 물건도 꽤 많은 편이다. 반면 쉘라의 어머니는 그냥 바닥에 앉아 소소하게 늘어놓은 액세서리들을 파신다. 그것은 확연하게 쉘라네가 더 가난하다는 것을 보여주었다. 아마 데이빗이 봉투에 돈을 넣은 이유도 이 때문일 것이다.

나는 하비를 시켜 아이스크림을 사오라고 한 뒤 버젓이 앉아 그녀들 속에 들어간다. 그들 속의 나는 더 이상 외국인도 관광객도 아니었다. 그저 그들과 같은 여자였고 친구일 뿐이었다. 아이스크림을 먹으며 옹기종기 모여앉아 이야기꽃을 피우다 보니 어느새 가까워진 우리들. 그녀들의 최대 관심사는 어떻게 결혼도 하지 않았는데 남자와 같이 여행을 다닐 수 있는지에 대해서다. 부모님은 알고 계시냐며……. 그 질문에 대답이 있을까……. 저무는 해는 알려나. 조금은 다른 모습으로 사는 우리들에 대해서.

1차 수다를 끝내고 2차 수다를 시작하러 넬라에게 다가간다. 넬라는 가족 이야기를 꺼낸다. 그녀는 부모님, 언니, 형부, 동생들과 함께 살고 있는데 가족 모두는 이 자판에 의지해 생계를 유지

한다. 그녀의 언니도 같이 장사를 하지만 지금 아기를 낳아서 집에서 쉬는 중이란다. 대신 형부가 넬라의 곁에서 자질구레한 일들을 돕고 있다.

가족에 대해 얘기하는 그녀의 얼굴이 방울토마토 같다. 주렁주렁 열려 있는 가지에 유독 빛이 나는 조금은 덜 익은 듯한 아기 방울토마토. 내가 조심스레 묻는다.

"아직 어린데 도시로 가고 싶거나 다른 거 뭐 하고 싶지 않아?"
"아니요. 그냥 전 여기가 좋아요."
"16살이면 한국에서는 중학생인데 학교 가고 싶지 않아?"
"장사하면서 영어도 잘하게 됐고 재미있는 사람들도 많이 만나게 되고. 이걸로 만족해요."

만족이라…… 나는 그 단어를 써 본적이 없는 것 같다. 잘라내도 다시 자라나는 내 머리카락처럼 내 욕심은 잘라내도 또 자라

나기만 하던데……. 16살 소녀의 입에서 '만족'이라는 말이 새어
나온다.

대견하고 아리따운 **닐라**야.
근사하고 멋지다.
반짝반짝 빛이 나는 너의 눈 속에는
만족이란 게 **행복**이란 게 있었구나.
세상 그 어떤 보석보다도
예쁜 아름다운 눈빛이야.

오늘도 나는 가슴 한켠에
포근하고 예쁜 이불을 덮는다.

노마
언니

오늘 나는 만나야 하는 사람이 있다. 한국에 있을 때 무척이나 나를 사랑해 주었던 사람, 노마 언니. 언니는 혼자서 몇 달째 인도를 여행 중이다. 오토바이를 렌트해서 언니가 있는 '아람볼'이라는 곳으로 향했다. 전에도 많이 들은 얘기지만 언니와 나는 분위기가 많이 닮았다. 함께 있으면 자매 같다는 이야기도 곧잘 듣곤 했었다. 만나자마자 그 말을 실감했다. 둘 다 치렁치렁 긴 머리에 새까맣게 그을린 피부.

"언니!"
"오, 근혜야!"

얼싸안고 소리 지르는 우리를 보며 하비가 웃는다.

"언니, 여행은 어땠어?"

"야…… 좋긴 한데 죽을 맛이다."

"왜? 또 한국에서처럼 동생들 건사하느라 사서 고생하는 거 아니야?"

"왜 아니겠어. 한국에서 온 남자애가 있는데……."

그럼 그렇지. 언니는 그런 사람이다. 딱한 모습을 보면 간, 쓸개 다 빼주는 사람.

"근혜야, 언니가 오늘 쏜다. 그동안 못 먹은 거 오늘 실컷 먹어!"

해변의 레스토랑에 자리를 잡고 주문을 한다. 푸짐하게 해산물을 시키고선 바다를 바라본다. 이게 웬 횡재인가. 인도에 와서 먹는 제일로 비싼 저녁 식사다. 맥주도 몇 병째인지 모른다. 저녁을 먹으면서 배가 부르면 비키니를 입고 물속으로 풍덩.

다시 돌아와선 또 먹고 마신다. 너무 신이 나는 와중에 언니의 표정이 어둡다. 언제나 씩씩하고 유쾌하게 이야기하는 사람이지만 나는 알고 있다. 그녀의 가슴에 부서질 듯 자리하고 있는 슬픔을, 그리고 외로움을.

"하비, 나 언니랑 얘기 좀 할게. 너는 오토바이 타고 드라이브 좀 하고 와."

"몇 시쯤 데리러 올까?"

"그냥 편하게 돌아다니다가 저녁 즈음에 와줘. 미안."

"알았어, 꾸네."

하비가 아쉬운 듯 등을 보인다.

"언니, 짠!"

나는 맥주잔을 들어 올린다. 언니의 눈에 눈물이 고여 있다.

"언니, 그냥 울어. 애쓰지 말고······."

다 마신 생맥주 통의 거품이 갑자기 터지듯 참았던 설움이 복받쳐 올라오는 모양이다. 언니는 지금 많이 힘든 상태다. 사랑하고 믿었던 그 사람과의 헤어짐. 어쩌면 상대가 변해서라기보다 속절없이 그만을 바라봤던 언니 자신에 대한 힘겨움이 더 클지도 모르겠다.

내 나이 서른이 넘어 느낀 것 중 가장 큰 것은, 무작정 참는 거야말로 사람의 건강에 가장 해롭다는 것이다. 삶의 어떤 순간에 인내라는 것이 필요할 때가 있긴 하다. 때론 견뎌낸 뒤에 맛보는 보상이라는 것에 뿌듯해지기도 하고 말이다. 하지만 그것이 습관이 되면 마음이 곪는다. 눈물이 나면 울기도 해야 하고 화가 나면 소리도 지르고 억울하면 억울하다고 호소할 수도 있어야 한다. 그렇게 하지 못하고 오랜 시간이 지난 뒤에 약을 발라봐야 소용이 없다. 언니가 울고 있어서 다행이라는 생각이 든다. 게다가 여행이라는 약효가 좋은 명약을 복용 중이지 않은가. 많은 말이 필요치 않다.

다 괜찮아질 거야.
사　랑　은
또 올 테니 말이야……．

한참을 울고 나서 역시나 호탕하게 상황을 마무리하는 노마 언니. 잊을 수는 없어도 희미해질 때까지 언니가 걷고 또 걷기를 바랄 뿐이다. 튼튼한 갑옷을 입은 듯 보이지만 한없이 여리고 여린 사람. 그것마저도 나와 닮아 있는 사람. 사랑합니다, 당신을.

퉁퉁 부어버린 눈이 보기 싫지 않다. 어둑어둑 해가 지고 밤이 찾아왔다. 언니는 방으로 들어간다. 하비와 나는 다시 안주나로 가야 했다. 며칠 뒤에 같이 함피(Hampi)라는 곳으로 이동하자고 이야기한 뒤 아쉬운 인사를 나눴다. 오늘 밤은 언니가 아주 편안하게 숙면을 취하면 좋겠다.

가족

매주 수요일은 안주나 해변에서 프리마켓이 열린다. 넬라네 식구들도 있는 물건들은 모조리 챙겨 출동한다고 했다. 히피들이 많이 살고 있다는 이곳은 현지인들뿐만 아니라 액세서리나 소품 등을 만들어 파는 외국인들이 많다.

해변 한쪽을 빽빽하게 메운 사람들. 천천히 걸음을 옮기며 이것저것 구경한다. 특이한 옷차림의 사람들, 장사를 한다기보다는 놀러 나온 듯한 모습으로 신나게 수다를 떨고 있다. 화려한 원석으로 만든 액세서리를 파는 영화배우 같은 남자도 있다. 알고 보니 스페인 사람이었다.

하비가 말을 걸어 본다. 그의 곁에는 키가 180cm는 되어 보이는 모델 같은 여자가 서 있다. 둘은 커플인데 호주에 사는 그녀는 이렇게 1년에 한 번 인도에 와서 남자친구를 만난다고 했다. 연애 1년 차인 우리와 비슷한 상황이다. 그는 인도에 산 지 5년이 넘었고 힌디어도 잘한다.

"밤에 저 건너 쪽 해변에서 파티가 있으니까 놀러 와요. 술도 실컷 마시고 신나게 춤도 출 수 있어요."

"와우, 알았어요. 밤에 봐요."

파티라니……. 그동안은 상상도 못 했던 일이다. 싱글벙글 걷고 있었는데 넬라가 장사하는 곳을 발견했다.

"넬라, 많이 팔았어?"

"아니요, 비수기라 사람이 별로 없어요……."

보아하니 물건들이 수북하게 놓여 있었다. 나는 가방 몇 개를 고르고 액세서리를 모조리 집어 들었다.

"넬라, 이거 다해서 얼마야?"

"네? 언니 왜 이렇게 많이 사세요?"

"나, 한국 가서 팔 거야."

"아, 정말요?"

"응, 그러니까 부담 갖지 말고 제 가격에 팔아."

"네······."

물건들을 담는 넬라의 손이 바쁘다. 내가 산 것들뿐만 아니라 이것저것 더 챙겨 넣으며,

"이건 언니가 하세요."

"그러지 마. 뒀다가 팔아."

"아니에요. 선물이에요."

지고 갈 배낭의 무게는 생각지도 않았다. 아니, 무거워도 괜찮다. 그녀의 웃는 모습 하나로도 기운이 솟아나니 말이다.

"언니, 내일 저녁에 우리 집에 놀러 올래요?"

"응?"

"저녁 초대하고 싶어요."

"정말? 그래도 되겠어? 그냥 우리랑 밖에서 먹자."

"아니에요, 우리 언니도 보고 싶어 해요. 조카도 볼 겸 놀러 오세요."

"그래, 그럼 내일 너 장사 끝날 때쯤 올게."

실제로 한국에 돌아와 홍대 길거리에 앉아 인도에서 사 온 바지며 가방, 액세서리들을 팔아 한 달을 버텼다. 길에 앉아 그것들을 팔았을 때 나는 몹시도 넬라가 그리워졌다.

다음 날 하비와 나는 버스를 타고 시장으로 나갔다. 저녁 초대를 받았으니 우리도 뭔가 선물을 주고 싶었기 때문이다. 가장 먼저 손에 든 것은 갓난아기의 옷과 산모에게 필요한 것들이었다. 마지막으로 넬라를 위한 사리, 짙푸른 초록색 천에 금색 장신구가 달린 사리를 사면서 넬라가 입은 모습을 상상했다. 얼마나 예쁘겠는가. 내가 더 설렌다.

양손에 선물 꾸러미를 들고 다시 안주나로 향했다. 아장아장 걷는 아이는 아니지만 삑삑 소리가 나는 신발을 신은 듯 넬라의 집으로 향하는 발걸음이 신난다.

넬라가 장사를 끝내려 물건들을 정리하고 있다. 오토바이에 한 가득 짐을 싣고 형부는 먼저 집으로 가고 넬라와 우리는 동행한다. 구불구불 길을 지나 도착한 마을은 흡사 우리나라 시골을 연상케 했다. 넬라의 집에 들어서니 이미 식구들로 꽉 차있었다.

'이 작은 집에서 이렇게 많은 가족들이 함께 사는구나.'

부엌에서 음식을 내오시는 어머니는 허리가 좀 불편해 보이셨고 나이보다도 훨씬 늙어 보이는 넬라의 아버지는 자상하게 웃고 계셨다. 넬라의 언니와 조카는 방 한쪽에 누워 있고 남동생들은 신기한 듯 우리를 쳐다보고 있다. 다 같이 둘러앉아 저녁을 먹었다. 정성스레 준비하신 생선과 밥 그리고 우리나라 장아찌 같은 반찬이 정겹다.

"너무 맛있어요."

이미 배가 부른데도 계속 밥을 더 주서서 남김없이 먹었다.

"참, 우리가 선물 준비했어요."

식사를 마치고는 차이를 마시며 선물을 건넨다. 넬라가 사리를 집어 들고는 신이 나서 어쩔 줄을 모른다. 넬라의 언니도 아기 옷을 보곤 함박웃음을 지었다. 나에게 달려와 안기는 넬라가 정말이지 내 친동생 같다.

"언제 다른 곳으로 가요?"
"아마도 이틀 뒤쯤⋯⋯. 함피로 가려고."
"그럼 마드가온역에서 기차를 타야 할 텐데⋯⋯."

넬라가 잠시 생각하는 듯하더니,

"우리 친척 오빠 차로 역까지 가세요."

"아니야, 괜찮아."

"아니에요. 오빠한테 얘기해 둘게요."

"그럼, 일단 기차표 예약하고 이야기해 줄게."

이 소녀가 나에게 뭐든 해주고 싶어 한다. 밤이 되어 가족들과 인사를 하고 나오는 길에 슬쩍 넬라의 것으로 보이는 가방에 돈을 좀 넣어 두었다. 부디 그 돈으로 어머님이 병원에 가셔서 허리 치료를 받으셨으면 좋겠다. 누울 곳도 없는데 자고 가라는 부모님들에게 감사 인사를 드리고 밤길을 달렸다. 배도 부르고 마음도 부른 밤길을.

쉼,
그리고 다시

오늘 우리의 계획은 하루 종일 해변에서 빈둥대며 노는 것. 비장한 각오로 챙겨왔던 비키니를 준비하고 안주나에서 조금 떨어진 해변으로 출발한다. 한적한 모래사장에 자리를 잡고 누웠다. 한바탕 수영을 하고 나란히 누워 하늘을 바라본다.

이제 인도 여행의 일정이 얼마 남지 않았다. 앞으로 한 달간은 태국에 머물 것이다. 실감이 나지 않는다. 델리 공항에 도착해 소위 멘붕에 빠진 게 엊그제 같은데 이렇게나 시간이 흘렀다. 함께 여행하며 겪었던 이런저런 일들이 주마등처럼 스쳐 간다. 살며시 하비의 손을 잡는다.

"고맙고 미안해. 하비."

"나도……."

오래간만에 다정한 눈빛을 주고받는데 손님이 왔다. 이름 모를 개 두 마리다. 갑자기 모래를 미친 듯이 파낸다. 알고 보니 그 속에 게 한 마리가 있었던 거였다. 하비가 일어나 개들과 어울려 신나게 뛰논다. 가만히 그 모습을 보고 있자니 다소 울적했던 마음이 편안해진다.

'별 탈 없이 여기까지 와서 참 다행이야.'

　여유로운 오후를 보내고 밤에는 공연을 보러 갔다. 아마도 인도에서 보게 되는 마지막 공연일 것이다. 나이트 마켓이 열린 그곳에서는 볼리우드(Bollywood) 촬영이 한창이다. 인도에서는 굉장히 유명한 배우라는데 나는 얼굴을 봐도 누군지 모르겠다. 북적북적 많은 사람들 가운데 프리마켓에서 봤던 커플도 보인다. 함께 어울려 술도 마시고 메일 주소도 주고받고 이제 곧 떠날 거라고 인사도 전한다. 사실 그 밤, 음악에 취하고 술에 취하고 사람에 취해 어떻게 게스트 하우스로 돌아왔는지 기억이 나질 않는다. 바보처럼 실실 웃어댔던 것만 기억에 남아있다.

노마 언니에게 연락해서 시간을 맞춰 본다. 함께 함피로 가서 이틀 정도 있기로 했기 때문에 기차표를 예약해야 했다. 아침 일찍 출발하는 기차표를 사고 역에서 만나기로 했다. 안주나 해변으로 돌아와 넬라에게 출발 시간을 알려 주었더니 그럼 밤에 자기네 집으로 와서 친척 오빠의 차를 타고 가라고 한다.

또 다시 떠날 채비를 한다. 벵갈루루에서 타게 되어 있는 방콕행 비행기의 시간이 다가올수록 시원섭섭한 마음이 더해 간다. 한밤중에 넬라의 집 앞에 도착하니 환하게 웃으며 우리를 맞아 준다. 부모님들께 인사를 드리고 쉴라 엄마의 집이 근처라고 해서 함께 걸어간다. 너무도 작은 집에 쉴라의 엄마가 쪽잠을 자듯 누워 계신다. 주무시다가 놀란 그녀가 머리 매무새를 만지며 일어나신다.

"안녕히 계세요. 건강하시고요."
"네, 잘 가요. 고마워요."

밖으로 나오는 발걸음이 묵직하게 느껴진다. 어두운 밤 그 길 위에서 넬라를 바라본다.

"함께 함피에 가지 않을래? 며칠 쉰다고 생각하면 되잖아."
"아니에요, 갈 수 없어요. 내년에 또 오시면 안 돼요?"
"그럴 수 있을지 모르겠어. 전화할게."

쌀쌀해진 밤기운이 마른 그녀를 흔든다. 나는 입고 있던 후드 재킷을 벗어 그녀에게 입혀 주었다.

"입던 거지만 주고 싶어서……."

인도에 오는 첫날 입고 왔던 그 옷이 이제 여행의 끝자락에 그녀에게로 간다.

"고마워요, 언니 보고 싶을 거예요."

애써 눈물을 참는다. 차에 오르며 뒤를 돌아본다. 멀어지는 넬라. 어둠 속에 그녀가 있다. 너무도 반짝이는 그녀가.

함피의 기차역에서 내리자마자 어려 보이는 릭샤 운전자가 바짝 붙어 쉴 새 없이 이야기를 늘어놓는다. 늘 있는 일이라 담담한 척 걷고 있지만 이번에는 좀 끈질긴 친구를 만났다. 게스트 하우스의 가격을 말하는데 솔깃한 우리들. 속는 셈 치고 따라가 본다.

그다지 예쁘지도 깔끔해 보이지도 않는 곳이었지만 노마 언니는 혼자 방을 쓰는데 200루피, 하비와 나는 함께 300루피. 이 정도면 괜찮은 것 같았다. 오케이를 외치며 방 안으로 들어갔다.

사실 함피에 도착하면서부터 느껴지는 스산한 기운이 있었는데 이 방에서 말로 설명하기 어려운 기분이 들었다. 가방을 내팽개치고 샤워부터 해야겠다. 노마 언니도 지쳐 보이는 표정이 역력하다. 식사를 하고 술도 한 잔 걸치고 다시 방으로 돌아왔는데 노마 언니가 다급한 모습으로 우리에게 뛰어온다.

"나 방 옮겨야겠어. 여기 배드 버그 있어!"

"응?"

사실 배드 버그라는 이름은 들어 봤어도 그게 얼마나 여행자에게 불편을 주는지 잘 몰랐기 때문에 조금 어리둥절했다. 언니의 설명에 따르면 한 번 물리면 잠복기가 있는데 가렵기 시작하면 미칠 지경이 된다고 한다.

"근혜야, 너도 옮겨. 내 방에 있으면 너희 방에도 분명 있을 거야."

놀란 눈으로 하비를 쳐다보는데 그는 대수롭지 않다는 표정이다.

"근혜, 우린 그냥 여기서 자자."

하비의 말에 언니가 한 번 더 소리 지르듯 얘기한다.

"물리면 장난 아니야. 너희도 방 옮겨!"

언니는 황급히 가방을 짊어지고 게스트 하우스 주인장에게 달려간다. 여기 배드 버그가 있는데 어떻게 손님을 받을 수가 있냐고 따져 묻는다. 주인장은 별 반응이 없다. 그러나 이게 소문이라도 나면 장사에 큰 타격이 있을 것을 아는 듯 언니를 보내 준다. 야반도주라도 하는 것처럼 그렇게 언니는 근처 다른 곳으로 가게 되었고 나와 하비는 언니가 짐을 푸는 걸 보고 다시 돌아와 잠을 청했다. 다행히 다음 날 눈을 떴을 땐 별 문제는 생기지 않았다. '우리 방에는 배드 버그가 없나 보다'라고 안심을 하며 길을 나섰다.

함피는 한마디로 적막이다. 그러나 그다지 나쁘지만은 않은 적막함이다. 주위의 돌들이 그렇고 공기가 그랬다. 돌산 같은 길을 올라 잠시 앉아 있는데 동양 할아버지 한 분이 카메라 셔터를 쉬지 않고 누르고 있었다. 마치 크리스마스이브에 자고 일어나 양말

속의 선물을 뜯어보는 아이마냥 신나게 셔터를 누르는 손놀림이
부러울 지경이다.

"어디서 오셨어요?"

영어로 물었는데 한국말로 답하신다.

"나 영어 못해요. 한국 사람이야."
"아, 정말요? 혼자 오신 거예요?"
"응, 혼자야. 내 평생에 이런 경험을 하리라곤 상상도 못 했는데
너무 좋아."
"정말 좋아 보이시네요."

말이 끝나기도 전에 서둘러 내려가신다. 지금 그 할아버지에겐
내 말이 들리지 않는다. 어떤 연유로 오시게 되었을까. 왜 혼자 오
셨을까. 들떠 있는 그 마음은 나이를 잊게 할 것이다.

삶의 끝자락에 얻은 선물,
맘껏 즐기세요.

함피의 전경을 한눈에 볼 수 있는 곳. 하누만 사원(Hanuman Temple)에 가기 위해 채비를 한다. 강 건너 산길을 지나 끝이 보이지 않는 계단을 올려다보니 심호흡부터 해야겠다는 생각이 든다.

평소 체력이 좋기로 소문난 나이지만 여행 중에는 체력을 비축할 시간이 없었으니 너무 무리하지 말아야지.

빠르지 않게 계단을 오른다. 저 멀리 원숭이들이 자유로이 놀고 있는 모습이 보인다. 힌두교의 원숭이 신 하누만을 모시는 사원이라 그런가. 유독 원숭이가 눈에 띈다. 헉헉거리며 끝이 없어 보이는 계단을 오르고 나서 바라보는 발아래의 풍경은 향을 피워놓은 듯 아득하고 몽롱하다.

주변에는 돌 위에 앉아 세상을 잊은 듯한 사람이 보였고 새끼 원숭이의 젖 먹는 모습도 보였다. 사람들은 제각각 돌 위에 한자리들 잡고 살짝 풀어진 듯한 눈을 한 채 자신의 몸을 맡기고 있다. 들숨과 날숨의 속도가 느려짐을 느낀다.

명상을 의도하지 않아도 명상하고 있는 것 같은 기분이 드는 곳이다. 적막하고 신기한 함피의 하루가 저 나무 아래 붉은빛과 함께 저물어 간다.

안녕,
인도

이제 인도를 떠날 날이 하루 앞으로 다가왔다. 벵갈루루 공항에서 다음 날 밤 비행기를 타야 하는 나를 위해 하비와 노마 언니가 함께한다. 그런데 큰일이다. 갑자기 엄청난 인파가 몰려든다. 무슨 축제인 듯했다. 진정 인도는 축제의 나라인가. 뜻하지 않은 광경을 보게 되는 것은 좋은데 시간 맞춰 기차역에 갈 수 있을지 모르겠다.

그래도 어쩌겠는가. 걱정은 접어두고 사람들과 섞여 발뒤꿈치를 높게 들어 올린다. 지붕 위, 나무 위에도 사람들이 멋진 광경을 보려 자리하고 있다. 꼬마 아이들도 신이 나서 연신 싱글벙글이다. 무거운 배낭을 잠시 내려놓고 사람들 속에 묻힌다. 분명 하늘이 보이는데 막혀 있는 진공관에 있는 것 같다.

그 안에 내가 사랑하는 코끼리가 있다. 사람들이 하나둘 다가가 코끼리를 만지고 돌아선다. 나는 다가가지 않는다. 굳이 손대

지 않고 이렇게 바라보기만 해도 좋으니까. 그 움직임이 그리고 그 눈빛이 말이다.

한참을 사람들 속에 섞여 있으니 시간이 가는 줄도 몰랐다. 예약한 기차 시간에 맞추려면 이제 출발해야 한다. 그런데 사람들이 빽빽이 차 있는 이곳을 어떻게 빠져나가지?

하비가 앞장을 선다. 그가 사람들을 헤치고 길을 터주면 언니와 내가 뒤따라 걸었다. 그런데 갑자기 뒤에서 오던 언니가 소리를 질렀다. 알고 보니 인파 속의 어떤 놈이 언니의 엉덩이를 만지고 시치미를 떼며 웃고 있는 게 아닌가.

"사과해, 이 변태야!"

단단히 화가 난 언니. 잠깐의 실랑이가 있은 후 다시 걸음을 옮긴다. 사실, 나도 바라나시에 있을 때 몇 번을 경험했던 일이다. 정면에서 쏜살같이 달려와서는 내 가슴을 만지고 도망가는 인도 남

자. 처음에는 화가 나고 당황했었지만 나중에는 흥분하고 화내는
나를 보며 더 즐거워하는 것 같아 덤덤히 지나쳤다.

언니의 심기가 불편해 보인다. 우여곡절 끝에 기차역으로 가는
버스에 오르니 언니의 짜증은 극에 달한다. 무거운 배낭을 내려
놓을 공간도 없을 만큼 꽉 찬 버스 안에 서 있다. 체온이 전해져
끈적끈적한 땀은 비 오듯 흘렀다.

"내가 편하게 가자고 했는데, 왜 굳이……"

사실 언니가 비용을 지불한다고 택시를 타자고 했었다. 하지만
하비는 원하지 않았다. 그냥 버스를 타자고 그리 오래 걸리지도
않을 거라며. 그들 사이에서 살짝 당황했었던 나. 언니와 하비의
간격이 멀어지는 게 느껴진다. 언니는 긴 시간의 여행에 지쳐 있었
고 굳이 고생을 자처하며 다니지 않으려 했던 것 같다. 반면 하비
는 아낄 수 있는 한 최대로 아끼고 현지인과 가까운 거리를 유지
하려 했던 것 같다. 그러나 과유불급이라 했다. 하비는 인도 여행

을 하면서 스크루지 뺨을 칠 정도로 심하게 돈을 아꼈었지만 결국 태국에 도착해 긴장의 끈을 놓은 순간, 섬에 들어가기 전 이동하던 차 안에서 큰 액수의 돈을 도둑맞았다. 배 위에 올라 내가 했던 말이 생각난다.

"그렇게 아끼더니, 그러게 너무 지나치면 이렇게 되는 거야."
"……."

말없이 고개를 끄덕이던 모습이 생각난다. 두 사람 사이의 무거운 공기가 얼마나 지났을까. 우리는 벵갈루루 기차역에 도착했다.
　기차역 안에 마련되어 있는 침대와 샤워실이 딸린 방을 잡았다. 샤워를 하고 밖을 내다보니 추적추적 비가 내린다. 마음에도 떠나는 시간이 아쉬운지 소리 없는 비가 내리고 있다.

　인도에서의 마지막 날. 식사를 하는데 밥이 잘 넘어가지 않는다. 가늘게 내리던 빗줄기가 잦아들고 햇빛이 고개를 내민다. 멀리

갈 수 있는 시간적 여유가 없기에 그냥 시내 한 바퀴 돌고 다시 기
차역으로 돌아와 낮잠을 청했다.

'아, 드디어 떠나는구나.'

언니는 얼마간 더 인도에 머물 것이고 하비는 내일 아침 비행기
를 타고 방콕으로 올 것이다. 나란히 누워 한잠 자고 난 뒤 다시금
배낭을 멘다. 이제 공항으로 가는 버스를 타야 하는 시간이다. 세
사람은 말이 없다. 더딘 발걸음으로 버스에 오르려는데 언니가 나
를 부둥켜안는다.

"근혜야……."

어깨 한쪽이 그녀의 눈물로 적셔진다.

"왜 울어, 한국에서 볼 텐데……."

하비는 한 걸음 뒤에서 고개를 뒤로 젖히고 있다. 입을 맞추고 버스에 오른다.

이제 다시 혼자다. 창밖으로 내민 내 손을 가르며 바람이 작별을 고한다. 어둠이 내려앉을 쯤 공항 입구에 서서 뒤를 돌아본다. '또로록' 아쉬움의 눈물이 뺨을 타고 흘러내린다. 깊게 숨을 들이마시며 마지막으로 이곳의 향기를 가슴속에 담는다. 다시 못 올 수도 있다. 한국에 돌아가 조금은 치열한 삶 속에 머무를지도 모를 일이다. 그러나 이 기억이, 이 향기가 분명 내가 지치고 지쳤을 때 바람이 불 듯 불현듯 마음속에 스칠 것이다. 그리곤 또 다시 어디론가 떠날 수 있는 용기를 주리라 기대해 본다.

"안녕, 인도! 꼭 다시 나를 불러줘!"

안녕?

안녕!

안녕······.

길
저 너머로

한 달 뒤면 한국으로 돌아간다(여기는 태국이다). 다시 학원을 나가야 한다. 아무도 없는 밤바다를 홀로 떠다닌다. 아무것도 걸치지 않았다. 앞으로의 삶이 내게 또 어떠한 것들을 안겨줄 지는 잘 모른다. 하지만 분명한 건 한국에 돌아가면 이전의 지쳐 있던 시간들을 뒤로하고 새롭게 나아갈 것이다. 그동안 만들어 놓은 곡들과 인도에서 쓴 가사들을 정리하고 슬슬 공연 준비도 해야 할 것이다.

온통 까맣기만 한 바다 위에 누워 있는 나. 아무것도 생각하고 싶지 않다고 하지만 이것저것 많은 것들이 지나간다. 떠나 본 사람만이 알 수 있다. 그때의 기분은.

잘 살았구나 혹은 앞으로 잘 살자의 느낌이 아니다.

인정하게 된다. 있는 그대로의 나를…….

동의 없는 자기 합리화의 시간들을 막을 내리게 하는 게 여행이라는 생각이 든다. 낯선 길 위에 서 있는 나는 익숙해져 있는 것들 속에서 많은 것들을 놓치고 있었다. 잡히지 않을 것들을 손에 움켜쥐려 힘을 줘봐야 손가락 사이로 바람처럼 그것들은 사라진다. 사람의 마음도 우리의 시간도 그 어느 것 하나 우리의 것인 게 있는가. 잘 모르겠다. 소울 메이트라 자신하며 '그래, 이 사람이야'라고 확신하고 있던 하비와 나의 시간도 막을 내렸다. 여행이 끝나갈 즈음에…….

좀 더 어렸을 땐 변하는 그 마음이 너무도 서러워서 누군가를 사랑하는 게 겁이 날 지경이었다. 이제 변하는 것도 다시금 사랑하게 되는 것에도 조금은 무뎌진 것 같다. 아니 무뎌졌다기보다 스스로 덜 슬프게 사는 방법을 살짝 눈치챈 듯하다. 나이를 먹어서 그렇다고 하기에는 아직도 가슴속 어디엔가 열정이라는 놈들이 꿈틀대고 있음을 느낀다.

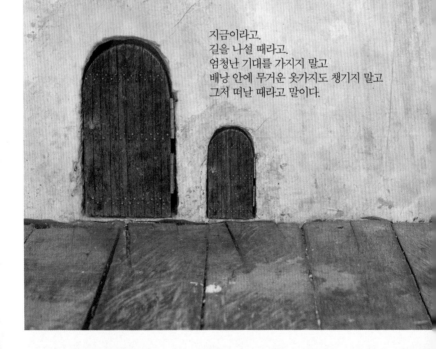

사랑해야 한다.
인정해야 한다.
상처를 안고 살지 않는 게
현명한 일이다.
이별 뒤의 가슴앓이 중이거나
나를 들여다 볼 수 없거나
과거의 상처 속에서
헤매는 사람들에게
자신 있게 말할 수 있다.

지금이라고.
길을 나설 때라고.
엄청난 기대를 가지지 말고
배낭 안에 무거운 옷가지도 챙기지 말고
그저 떠날 때라고 말이다.

인도 여행을 한 지 몇 년이 지났지만 글을 묶는 동안 나는 또한 번의 여행을 한 듯하다. 그리움이라는 이름이 확대경 속의 무언가처럼 눈앞에 아른거린다.

스치고 말 인연이었더라도 만남으로 인해 기억으로 남아줘서 고맙다고. 나의 이야기가 아니라 모두의 이야기라고. 특별한 경험이 아니라고.

세 번째 앨범을 준비하고 있다.

아주 슬픈 마음이 가득했던 한 해였다. 무지한 사람들의 무책임함으로 인해 순수한 영혼들이 다치는 일이 너무도 많다. 이 나라를 떠나는 사람들도 늘었다. 한참을 생각한 적이 있다. 만약 다른 나라에서 살게 된다고 하면 어떤 나라로 갈 것인가. 나의 대답은 인도였다. 리시케시의 한적한 산기슭 어딘가에서 요가하고 명상하며 때때로 공연도 하고 여행 온 근사한 남자와 사랑에도 빠지고……. 하지만 또 어느 때가 되면 짐을 싸들고 어딘가로 떠날 것도 염두에 둔다.

비슷한 듯 보여도
다른 수많은
길 위에 서 있는
나를 상상한다.
질문도 답도
바라지 않은 채로 말이다.
끝이 보이지 않을 테니까.

나는 또 어디론가
떠날 것이다.
그런 날들을 함께하게 될
그대들을 위해
이 노래를……

헤이 보이즈

분명히 난 꿈속에서 날고 있었는데
눈을 뜨면 시작되는 똑같은 나날들
일어나서 씻고 머리도 못 말린 채
정신없이 집을 나서지

터질 듯한 지하철 그 사람들 속에서
헝클어진 머리를 쓸어 넘기고 있어
하루의 시작이 언제나 전쟁 같아
말라가는 내 모습

Hey boys, Hey girls
나 이제 떠날 거야
Hey boys, Hey girls
지겨운 일상 따윈 던져버리고
자고 있던 내 꿈을 깨워

Hey boys, Hey girls
걱정은 필요 없어
Hey boys, Hey girls
부풀은 내 마음은 하늘을 날아
오 이제야 나 꿈을 꾸네

회사 생활 시작할 땐 의욕이 넘쳤고
주말 되면 여행가려 애도 써 봤지만
월요일부터 술자리에 앉아
상사들의 주정을 듣지

믿어 왔던 여자 친구 어느새 떠나고
차도 없는 나에게는 소개팅도 없네
외로운 마음에 밤 거릴 헤매이지
지쳐가는 내 모습

Hey boys, Hey girls
나 이제 떠날 거야
Hey boys, Hey girls
지겨운 일상 따윈 던져버리고
자고 있던 내 꿈을 깨워

Hey boys, Hey girls
걱정은 필요 없어
Hey boys, Hey girls
부풀은 내 마음은 하늘을 날아
오 이제야 나 꿈을 꾸네

그대여 무얼 망설이나요
자 떠나보아요……

- 그네와 꽃 -

　어릴 적 수영을 할 줄 몰랐던 나에게 물이란 공포의 대상이었다. 마치 발을 담그면 무서운 손이 훅하고 튀어나와 내 다리를 잡아당길 것 같았다. 하지만 수영을 하게 되면서 상황은 달라졌다.

　모두가 잠든 밤에 홀로 바다를 침대 삼아 누워있으면 달빛은 길을 안내한다. 잔잔한 바람은 나를 이끈다. 지그시 눈을 감으면 꿈결에 젖는다. 차갑게 느껴지던 물의 온도는 어느새 따뜻하게 몸을 감싸 안는다. 그 느낌이 너무도 편안해서 시간 가는 줄 모르고 두둥실 떠다니는 나.

　처음으로 사람들 앞에서 노래할 때 머릿속은 하얗게 변하고 마이크를 잡은 손은 덜덜 떨려서 근사한 모습을 보여주지 못했다. 노래 역시 긴장한 탓에 어설펐다. 스스로에게 실망하고 펑펑 울어 버린 시간이 기억난다. 그때의 나는 너무 잘하고 싶어 했다. 그 노래를 표현할 수 있는 깜냥도 안 되면서 그저 잘하고 싶었던 거다.

　지금의 나는 무대 위가 가장 편하고 행복하다. '실수 없이 잘해야지'

라는 각오 따위는 하지 않는다. 사람들의 얼굴을 마주하고 그들의 눈빛을 바라본다. 금방이라도 똑 떨어질 것 같은 눈물이 맺혀 있는 눈을 보면 오히려 난 살며시 미소 짓는다. 함께 느낄 수 있어서 감사하다는 생각이 드니까.

여행도 마찬가지다. 처음에 인도로 향할 때 나는 태연한 척했지만 두려웠다. 낯선 공간과 낯선 사람들이 주는 시선.

하지만 석 달간의 여행을 통해 내 여린 가슴에는 한 떨기 꽃이 피었다. 오랜 시간 나를 누르고 있던 어린 시절의 상처를 만나 한결 가벼워진 나를 보았고 낯설기만 했던 사람들과 마음을 나누며 온기를 느꼈다. 떠나 본 사람만이 오롯이 느낄 수 있는 값진 선물을 받은 것이다.

물론 여전히 나는 때때로 아파하고 지쳐 숨어 있기도 한다. 그러나 그 어떤 상황으로부터도 도망가지 않는다. 여유롭지 않은 형편에 힘이 좀 빠지다가도 좋은 사람들의 응원에 다시 눈에 힘을 준다. 그리곤 가숨속 꽃이 시들어 갈 때쯤 또 길을 나선다. 인도를 갈 때와는 다르게 떠나는 나는 씩씩함으로 무장되어 있다.

아직 가보지 못한 곳이 너무도 많다. 세계 지도를 펼쳐 놓고 가고 싶은 곳을 뚫어져라 본다. 다녀온 뒤에는 신나게 형광펜으로 색칠도 하고 싶다. 많은 곳을 칠할 수 없어도 괜찮다. 때가 되어 나를 부르는 곳에 자연스럽게 닿아 있기를 바란다.

길은 끝도 답도 보여주지 않지만 나는 걸어갈 것이다. 그 길 위에 서 있는 나를 상상한다. 두 손 모으고 누군가를 기다리고 있을지도 모를 일이다.

어서 오세요.